老いを分かち合う

サービス付き高齢者向け住宅にまつわるエピソード

徳田かやの

幻冬舎MC

老いを分かち合う
サービス付き高齢者向け住宅にまつわるエピソード

目次

はじめに

平成二十一年九月に『合同会社カリタ』を設立した私は、訪問看護事業を開業し昨年十年目の節目を迎えた。

開業当時から数年にかけてその時々の、地域社会や利用者からの需要を考え、更に、居宅介護支援事業（一年後）、通所介護支援事業（三年後）を事業展開することになった。

一人また一人と社員は増えていったが、退職者ももちろんいた。そして、現在私は、会社社長でありながら、未だ訪問看護師として現場に向かう日々を送っている（社長業に専念できない性分だからだ）。

私は、幼い頃から、マザーテレサを知る環境にあった。彼女の活躍はテレビや教会（カトリック）で出る話の中で良く知っていた。

訪問看護の仕事をするようになってからは、いろんな著書に触れながら、マザーテレサに憧れる気持ちは益々強くなった。

そしてマザーの『死を待つ人の家』（インドのカルカッタに設立された貧困や病気で

死にそうになっている人の最期を看取るための施設）に、深く心打たれ、興味を持った。わが国は、貧しさだけで亡くなる人はそうそう居ないのが現実であり、まだまだ裕福な国である。

以前、マザーテレサの活動に参加したいと、わざわざインドまで出向いた日本人女性が居たそうだ。マザーと一緒に働いて、困っている人や貧しい人のために役に立ちたいと。

その彼女にマザーはこう言ったそうだ。

「あなたの国には、貧しい人や困っている人、病気で苦しんでいる人は居ないのですか」と。

この言葉には、重みがあり考えさせられたという。そして私も勇気づけられたのは確かだった。

今、自分はここにいる、自分にできることを、自分を必要としている人のために、マザーと同じ気持ちで働かせてもらおうと決心した。

『私たちのすることは、大海のたった一滴の水にすぎないかもしれません。でもその

一滴の水が集まって大海となるのです』（マザーテレサの言葉）

この言葉は、中でも特に大好きな言葉だ。

会社の玄関を入ると、すぐに目に付くところに、書にして飾ってある。

私に、この一滴の働きができるように、自分を常に律する意味を込めて。

訪問看護師は医療の専門職である。在宅生活を継続する利用者の身体状況の変化には常に敏感でなければならない。それから、その利用者のこれから先に予測されることを一緒に考えていくことがとても大切だと考える。本人、家族、他の関係機関と連携して相談し在宅療養の方向性を検討しながら、お宅に訪問しているのだ。

そんな私には常々、「高齢者の施設をつくりたい」という思いがあった。

訪問看護は、定期的に自宅に訪問して必要なケアを提供し「次は○○日後に来ますね」と、声をかけて帰るのだが、帰る途中には、急に腰が痛くなり動けなくなった利用者のトイレの心配をしたり、発熱して解熱剤を投与して指示の点滴は施したものの、これから熱が下がり楽になるだろうかと不安になったり、台風が接近しているとテレビで報道されているのを一緒に観ていたが、一人で心配しながら過ごす心細い夜を想像したりしているうちに、「いっそのこと、連れて帰りたいっ」と思うことが、多々あったからだった。

これは、ほんとに小さな、単純な軽い考えだったと感じていたが、いつか実現したいとも思い続けていた。

平成二十七年二月、大きなチャンスが来た。

この日から、合同会社カリタは、サービス付き高齢者向け住宅を運営することになった。

日頃から業務上お世話になっているクリニックの院長から、「自分が経営を始めたが、継続して運営していくことが無理なようだ、引き継いでやらないか？」との話が持ち上がったのだ。

私は、機会があるごとによくその院長に自分の将来の夢を語っていたのだった。

「老人ホームがしたい」、「土地を探している」なども合わせて話していた。

なので、「今でもその気持ちがあるのなら、ここを引き継いでやってみないか」といった話だった。

三百坪ほどの敷地に二階建て木造建築、二十九室、夫婦部屋にご夫妻で入居され満室となると三十五人が入居することができる。

土地建物は院長独自の所有の物だったので、賃貸契約を交わし、運営法人の変更だけでいけると安易な考えもあった。

しかし運営法人が変わることは、本当に容易なことではなかった。

その時期、約十七名の入居者が居たのだが、わが社がこの事業を引き継ぐにあたっては、様々な契約の取り直しが必要だった。

そういった事務的なノウハウに関しては、私は本当に無力であり、看護師の肩書しかない名前だけの社長にとって大きな難題で不安だった。しかし、そのことを十分に見抜いていた会社の「統括」＝Nは、社長である私の気持ちを理解し、大きく力を発揮し十分任務を果たしてくれた（彼の尽力には心から感謝している）。

そして、当時その院長に雇われていた数名の人材が残ってくれたことも幸いだった。統括は、新しいカリタが運営する施設のルールを構築した。

後に、私の経営方針と意見の相違があった人々は、一人また一人と残念ながら退職していったことも事実だ。

小さな会社で、人材に限りがある中、無理な人事異動も快く受け入れた社員がいたことも、大きな力であり、助けられたのは事実だ。

始める前からいろいろあったが、決して自分だけで手に入れたチャンスではないことは忘れてはならないと感じている。カリタ従業員全員の賛同と協力が大きな力であり後押しとなったことが、施設の運営を可能なものにしてくれたのだ。

そのことを十分理解しながら、『サービス付き高齢者向け住宅の運営』が始まったのだった。

カリタの従業員すべてに感謝の意を表したい。

その日から毎日毎日、いろんなことが起こった。

そんな中今日までに、たくさんの入居者の生き方を語っていただき、それぞれの人生経験に耳を傾けてきた。

『縁あって』、この施設で生活することになったお年寄りの笑い、怒り、悲しみ、切なさ、不安も共に味わってきたつもりでいる。

その中でも一番の宝は、人生の先輩（高齢者）から得られるたくさんの『学び』だった。

起床から就寝まで、私たちへ暮らしの保証を託す入居者に、一番には、『安全と安心』を提供するのだ。

初めから入居を本心から喜んでいる人は、本当に数少なかったと思う。だれだって永年住み慣れた自分の家が一番良いに決まっている。

わが子に見放された気持ちになった人もいただろう。見知らぬ人と共同生活ができるのか不安もあっただろう。お金はこの先大丈夫だろうかと悩んだ人も、終の棲家って本当にそうなってくれるのだろうか?と、疑った人も。

だからこそ、ここを最期として入居してきた方々に、後悔させるわけにはいかない。

「どれほど大きなことをするかは問題ではありません。どれほど心を込めて行ったかが大切」

これも、マザーテレサの言葉なのだが、小さなことにも、手を抜かず『自分なら』『自分の親なら』『自分の兄弟姉妹なら』そして『自分の大切な人なら』と、相手を愛おしむ行動がとれるように。

施設での業務に励みそれに伴って、ここが私たちの基本方針と行動理念が生かされる場になることを信じたい。

そして、ここで得られる『学び』を、これからの自分たちの人生にも大いに役立つ財産としたいと。

カリタの経営理念、

『あなたに出逢えて良かった　心からそう言ってもらえる私たちになる』

私を含め、一人ひとりの社員が、この理念を胸に刻み、忘れないように。

会社設立から十一年、サービス付き高齢者向け住宅運営から五年。

短い期間ではあるが、日々とても貴重な体験をさせられる。

それぞれ持病を持っている方、難病を抱える方、認知症のある方、身体的に障害のある方、精神疾患の方などなど、年を重ねるごとに成長していくものではなく、加齢とともに退化（老化）する、そのことに決して目を背けることはできない。

超高齢化社会になり、近年このような施設は続々と増え続けている。

この小さな箱の中での出来事を、入居者さんの思いを、高齢者施設などを知らない人たちに少し覗いていただけたらとの思いと、『人が老いるということ』を、合わせて考える材料になったら幸いだと考えた。そのために、日々書き留めていた施設内でのエピソードを、今こうしてまとめ、形として残したいと思ったのだ。

そしてこの先に、この施設が若い人たちに引き継がれるような明るい未来がくるのであれば、是非記録しておきたいと考えた。
おこがましくも大胆な発想から始まった執筆を、是非手に取ってもらい、少しでも共感できる部分があればありがたいと願っている。

参考書籍紹介
マザーテレサに関することは、『マザー・テレサの思い』（女子パウロ会・聖パウロ女子修道会編／女子パウロ会・初版発行２００７年2月20日）を参考にさせていただきました。

第一章　死を意識して今を生きる

一、「私、もういつ死んでもいい、何なら今、死にたい」

八十歳になった彼女には、視力に強度の障害がある。

そして心は、ガラス細工のように繊細だ。

些細なことでも、胸に引っ掛かり気にしたり、自身ですぐに落ち込んで涙ぐみセンチメンタルタイムに入ってしまうことが度々起こる。

明暗がわからなかったり、食事中の小鉢のおかずがわからなかったり、何とか歩行はできるものの、手すりを手さぐりで伝う不安さなど、日常生活の中での不自由さは常にある。そのために、ヘルパーも、常に声をかけて介護にあたり、介助をしながら注意を払う。

そんな関わりも入居から一年半が経ち、最近ではヘルパーたちも彼女が落ち込んだ時の話の聴き方や宥め方にも、すっかり慣れてきていた。

今日は、機嫌はまあまあといったところだろうか、就寝介助のために、訪室した私は、彼女を洗面所の前の椅子に誘導し、自ら外された上顎の入れ歯を洗浄剤に浸し、歯ブラシに磨き粉を付けて手渡した。彼女は渡された歯ブラシで下顎の歯を磨き、立ち上がって口をゆすいで顔を洗い、タオルで拭きながらまたゆっくりと腰かけた。

「ハア」とため息をつきながら、一仕事終えた様子で、彼女が突然こんなことを言ってきた。

「私、もういつ死んでもいい、何なら今、死にたい」

年寄りからよく聞かされる、死にたい、いつ死んでもいいといったフレーズ。

また、いつものように、ちょっとしたことが気になって、すねているのかもしれないな、そう考えながら、話をじっくり聴こうと思い、私も彼女の目線まで腰を下ろした。

（さて、今日は何だろう）

「なんで、そんなことを言うの？」

続けて話をしてくれた。

「私には、娘と、息子がいるんだけど、今まで、ほんとにいろんなことがあって、心配することがたくさんあったんよ。でも、今は、結婚した二人の家庭も仲良くて上手くいっているようだし、何の問題もなく幸せに暮らせているみたい。今一番良かったと安心しているし私も幸せ。だから、今なら何も思い残すことはない、こんな気持ちのままで死にたいなぁと思うわ」

と。

これは、いつもの愚痴や、勘違いの落ち込みの話ではなかった。

『親心』

親は、いつまでも、こうして自分の子どもの幸せを願い、案じているのだ。

三十代で夫を病気で亡くし、そのあとは女手一つで、二人の子供を育てるために、生命保険会社の外交の営業をしていたという。

生命保険と言えば、私にも覚えがあるが、加入するまでしつこいおばちゃんが居たりして、加入後は全く知らんふり。自分の利益だけを先行することに必死な人。また本当に親身になって相談にのってくれる愛想のいいおばちゃんは、何もことが起きなくても電話をかけてきてくれたり、「近くに寄ったから」と、茶菓子を手土産に気軽に覗いて顔を見せて長居せず。きっと、彼女は後者のほうのセールスレディだっただろうと考える。お客様にも人気があって、お得意さんも相当ついていたのではないかと。

年金も自分で余生を心配しないぐらい計画的に、そして貯金もある程度あった様子からも私は勝手にそう思うのだった。

二人のお子さんは軽く五十歳を超えているだろう、定期的に来訪され、お菓子や飲み物を持参し、ゆっくりと彼女の居室で時間を共にしてくれる。まるで本当の実家に来たような感覚さえ感じる。

そして時々は、甘えて泣き言を言う彼女を叱ることもある。

寂しい時や、不安にかられる夜などに電話をかけては、「聞いてぇ～」と状況を訴える彼女の話をよく聞いてくれるという。相手が忙しい時には、手短にいい加減な返事をされて、切られてしまうこともあるらしいのだが。

どこの家庭でも大抵は、いつの間にか、親子はその関係が逆転する時期が来る。自分が幼い頃にはよく親に叱られたこともあったが、成人して独立した子供は、弱った親を反対に叱ったり、邪魔者扱いにすることがある。

それでも、親って、何年経っても子供のことを常に思っているんだなぁと、羨ましくも感じた。私は、既に両親が他界している。寂しい時ももちろんたくさんある。今ならもっと安心して、幸せにしてあげられるのにと思う時もある。でも逆に、今、両親が居なくなり天国で見守ってくれているからこそ、この仕事に没頭できているのだろうとも感じる。

足腰が痛くて苦痛で仕方ない、何をするにも面倒臭くなる、もう私なんかどうでもいい、寝たきりになって人に迷惑かけないうちに、早く死んでしまいたい……、いろいろその場その時の、理由は違うけれども、眉間にしわを寄せてそんなことを訴える他の年寄りと、今日の彼女は全然違う様子だ。明るく、吹っ切れたような、すがすがしい表情をしているのが、印象的。

今までなら、何もできなくても、子供の困りごとは、「自分が何とかしなくちゃ」なんて思っていたのだろう。でももう役目が終了したと感じているのかもしれない。

こんな、『死を迎えるなら』の理由もあるのかと、考えさせられながら、ちょっとだけ親としての彼女の心の奥を覗けたような、そんな気がした。

死という恐れから彼女を解放したのは、家族への無条件の愛だと感じた。

その後、話が一段落して、ホッとした表情を見せた彼女の両手を引いて、ソファに移動した。いつものように下着をすべて脱いで、一度全裸になり、洗濯したての優しい柔軟剤がほのかに香るパジャマの袖に手を通す。なんとなく、新しい彼女に変身したようにも見える。そして更に横のベッドに、ゆっくりと移動し寝間に就くまで介助する。

「おやすみなさい」。優しい声で、彼女が言う。私も「また明日」と答える。

日々の就寝介助の時間だった。

それ以降、彼女は弱るどころか、益々元気になっている。そのことが何より嬉しい。

そして私は、訪室するたびにまた、彼女の家族を思う話に耳を傾けるのが楽しみになった。

二、「私の終わりは、どんな風だろう」

今日は、いつもより調子もよく、食事もスムーズに完食し、車いすでゆっくりと居室に帰ってきた。

就寝介助のために車いすの彼女と一緒に戻ってきたので、話題づくりもあってすぐにテレビを点けた。

最近ではもう当たり前の、コロナ関連のニュースが流れていた。時計は六時を過ぎたところであった。

　直接のコロナ感染患者のニュースというよりも、その関連の枝葉の話で、仕事がなくなった、うつになった、精神的にも経済的にも追い込まれているといった人たちのことだった。

　世界では、コロナ感染拡大の影響で先の希望を無くし、自殺する人もいるという。

「人生いろいろやね、コロナに感染した人だけじゃなく、それに関連して苦しんでいる人たちがたくさんいるんだね」と、テレビの話題について私が話し始めた。

　彼女は、三十年前に乳ガンの手術をして左乳房を切除、その後再発の心配などする暇もないくらいに、元気な日常生活を送っていたのだった。夫は既に他界して、長男は関東地方に、次男は未だ独身で、一緒に暮らしていた。彼女が息子の食事や洗濯なども自分の役割として担っており、一人でないことが、益々彼女を活気付けていたのだろうとも思われた。

　今から二年前、腰痛が強くなってきたことから、かかりつけ医に相談したところ、整形外科受診を勧められた。そこで乳ガンの手術でも世話になった病院に受診することになった。

『乳ガンの術後の骨転移』と診断された。

三十年も経っての再発、「こんなことあるのか?」と、耳を疑ったが、それよりショックだったと話すのは、「もう治らないし、治療もない」と、医者にきっぱり言われたことだったそうだ。

突然のことで、不安がドッと押し寄せてきたという。

その数日後、担当のケアマネジャーから、訪問看護を紹介され、私は面談のために訪問したのだった。

ふっくらとした顔立ちで、『ガン』とは縁遠く感じられた。その時に簡単に腰痛というよりは、背骨の痛みが強くかなり苦痛だということを訴えられた。そんな中、治療はないと宣言された医者に、未だに定期的に通院して痛み止めの処方箋をもらっているという。精神的にもそれは辛いことだろうなあ、と感じた。

契約後に身体状態の観察と精神的ケア、「緊急時には繋がりますから」との保証を付けた訪問看護の利用が始まった。

おぼつかない足取りでも、自宅のトイレにも行くことはできていた。何とか間に合って用を足すこともできていた。居間にある座椅子にも腰かけることができ、昼過ぎに訪問すると、決まってサスペンスドラマを観ていた。

「お昼ご飯の後だから、いつも観ているけれど、犯人がわかる前には、居眠ってしまうのよ。これ再放送だから、わかっているようでも忘れてるわ、残念」と笑って話してくれた。彼女の自宅は坂を登り切ったところにあり、昼過ぎには大きな西向きの窓から暖かい日差しが入ることも手伝って、知らない間に居眠ってしまうようだ。

介護保険でのヘルパーサービスも利用していたので、買い物や掃除など心配なく、その頃は、ヘルパー訪問時の見守りがあれば安心して一人でシャワーを浴びることも可能だった。

しかし、骨に転移したガンは、容赦なく彼女の身体を蝕んでいたことは確かだった。痛みが強くては、病院への受診も苦痛で困難となる。そこで在宅診療を勧め、麻薬の調整も相談できることを説明した。相談できる医療機関がもう一つ増えたことで、また一段安心した様子だった。その時から、「もう病院には行かない、どうせ治らないんだから」と言い、覚悟している様子だった。

自宅の食事は、食パン、牛乳、ご飯、メザシ、瓶に入ったつくだ煮や海苔などだった。簡単なものは自分でできたが、徐々に吐き気と胸のモヤモヤ感を訴え食べられなくなってきた。

食事の摂取量が減って体力が落ちてくるので、経管栄養剤を処方してもらい、一日一本飲用することになったが、胸のモヤモヤ感は、昔からの不安神経症もあるために容易に改善することはなかった。同居している次男の健康面での心配も絶えずあったようで、併せてよく安定剤も服薬していた。

吐き気止めや安定剤に加え、麻薬も定期薬以外に頓用として使用し様子を見ていた。

そんな中、一度話して確認しておかなければと訊いてみることにした。

「身の回りのことが自身でできなくなったら最期はどうしたい？」と。

彼女は、自分の病状もしっかり理解しているし、認知症状は特になかったので、私も何も隠さずいつも正直に会話することができたのは楽だった。

「関東にいる長男家族が、同居もいいよ、来るかい？っていつも言ってくれているけれど、今更知らない土地にはよう行かんわ」と。そして、

「一人でトイレに行けなくなったら、施設かなあ、入れてくれる？」

間を置かず「じゃあ、順番取っとくね」と、返事はしたものの、施設なんていつ空きが出るか、ほんとにわからない。困った。そんなに先のことでもない気がしたから

だ（これだけは、正直に話せなかった）。

週一回の定期訪問、その度に彼女の生活動作が痛みを伴うことで徐々に低下していることは、看護師として実感して心配していた。

そんなに時は経たず、急に施設に空き部屋が出た。

今のところ、彼女はまだ一人でトイレに行けている。

彼女が入居を切羽詰まって考える時期にはまだ早い気がした。

今すぐ入居の話をすると、彼女の自宅での自律心を奪ってしまうような思いもあった。

でもこのタイミングを逃すわけにもいかない。迷いに迷ったが思い切って話を切り出した。

「今ね、施設に空き部屋があって、予約も入ってないんだけれど、二、三日お試しで来てみない？　施設ってこんな感じかって、体験してみたら？」と。

彼女は最近、痛みが消失することはなく、毎日麻薬に頼っているという。そのために今後の不安も強くなってきている。

二、三日なら行ってみようかな、という気持ちになってくれたらいいと思った。

「二、三日でまた家に戻れるし……」とも、付け加えた。

「そうやねぇ、息子に相談してみるわ」気持ちは半分半分のようだった。

翌日、『ショートステイと思って、軽い気持ちで行ってみようか』と、彼女から電話をもらった。その気になったようだ。

その時に、「じゃあ、今週末にしましょう」と、すぐに決めたのだった。

次の日曜日、私は彼女の家に向かった。

荷物の準備を一緒に行い、まるで小旅行にでも行くかのように、一緒に持ち物を確認した。

彼女は、ほとんどベッドに腰かけながら、私に指示するだけだった。

本来なら、介護タクシーで、自分で来所するのが当たり前ではあるが、日曜日ということもあって私が会社の車で送迎を担った。準備が整うと、そろりそろりと玄関まで一緒に歩いてゆっくりと上がり框を降りた。手を貸せば何とか自分で歩行はできた。車は、玄関のすぐそばに停めてあり助手席に彼女を乗せて、私は自宅玄関に鍵をかけに戻り、その鍵を、持参したカバンのポケットに確認して一緒に入れ施設へと向かった。

施設職員には、事前に彼女の話はもちろん情報提供されていたために、到着時はみんなが歓迎してくれ、居室に案内してくれた。

「○○さん、いらっしゃい」と、訪問看護師たちも良く知っているために、「よく来たね、良かった良かった」と、彼女が体験入居を決断したことを称賛してくれた。

施設内ではその頃、車いすも使用していたが、廊下での使用のみで、居室ではなるべく歩行してもらいトイレにも一人で行くことはできた。

食事もしっかり摂取し、みんなと同じものを「美味しい」と喜んでくれた。

ここでは、自宅のように、「今日は何を食べようか？」などと、一人で心配することもない。

入浴も浴槽にゆっくり入ることができ気持ちよく安心した様子だ。

ベッドから起き上がることも、不安じゃなかったと話す。何よりコールで、すぐにヘルパーと繋がり訪室してくれる安心を実感したようだった。

そんな二泊三日、私が思っていたようなことを、言葉の説明だけでなく、彼女自身で体験することができた。

三日目の朝、私が訪室すると、ベッドサイドに腰かけた彼女は、誰かと電話で話をしていた。

「ちょっと変わってくれるかな」と携帯電話を私に差し出した。

「もしもし」電話の相手は、関東に住む長男さんだった。

初めまして、と電話口に出た私に、

「お世話になりました、母がそちらに入居したいと言ってますが、部屋は空いているのでしょうか？」と。いきなりのことに、私は驚いたが、今なら部屋が空いていることを伝え、入居した場合にかかる費用などについては、電話ではわかりにくいのでと、改めて郵送で送らせていただく旨を伝え検討していただくことになった。

彼女の経済的なことは全くわからなかったから不安もあった。年金を受給しているのか、貯金はあるのかなど、どの家族にとっても、所帯が一つ増えることは、大問題なのだ。

しばらくして荷物をまとめ、来た時と同じように私の運転する車の助手席に彼女は座り、スタッフに見送られ、二人で自宅までの十数分だが、この三日間の話をして車中の時間を楽しみながら帰宅したのだった。

翌月に、関東に住む長男さんが大阪に来られる日を選んで、引っ越しが行われた。

あれから約一年が経ち、彼女の生活動作は、ガラッと変化している。

歩行は全くできなくなった。排泄はおむつ対応だったが、尿意が無くなり、管が入った。食事も介助が無ければスプーンを口に運ぶことも容易ではない。また、みんなと同じメニューは食べることができず、簡単な喉越しのよいパン粥やヨーグルト、コーヒー牛乳などが彼女の定番メニューとなった。

そして、一旦床に就くと、自分の腕や足を自由に動かすことさえできなくなった。

片手には常にナースコール（彼女にとっては命綱）を握っている。

けれども幸い会話ができる。問題になる認知症状もない。喜怒哀楽の感情表現も十分である。

ガン末期の人生の終末時期ということは、本人が一番よく理解していた。

だから常々、そんなことも考えているんだろう。今テレビで流される戦後最大の感染症による社会問題にも何か、深いものを感じているのであろう。

「私の終わりは、どんな風だろう」

と、ボソッと彼女は発した。

「そうだね、一番今気になるよね」

なので、私が今まで経験した看取り患者の中から、数人の方の最期の話をした。

目頭が熱くなり涙を誘うような話や、胸が詰まるような話、彼女が不安になるような話などはしなかった。

どの話も、亡くなった人にとって本当に人生をやり遂げた穏やかな「死」の話だけを選んで話したのだった。彼女はその話に静かに相槌を打ちながら耳を傾けてくれた。予期せぬことで死を迎える人もいるだろうが、彼女の先は私たちには見えている気がする。共にその道のりをゆっくりと進んでいるのが、まさに今この時だ。

昨日も今日も決して同じではない、人生のターミナルに向けて明日もそこには新しい（病状の悪化とは関係なく）彼女がいる。

そして間違いなく、最期の最期まで、それを共に見守る私たちがここにいる。

そのことだけは、決して忘れないでほしいと伝えた。「私にはもう何もできない、せめて歩けたらいいのに」と、彼女は話す。

私は、「あなたは生きているだけで、価値がある」そう彼女に伝えた。

人は必ず死ぬ。誰もがわかっている。なのにみんな不安になったり、悲しんだり、怖くなったりするのだ。実際私も同じだ。

人が「死ぬ」ということは、二度とその人に会えなくなるということだ。生きていると、また会える可能性はゼロではない。でも、「死ぬ」とは、本当にもう二度と会えなくなることなんだ。考えると、とても寂しく悲しくなる。

彼女とは、近い将来、「もう会えなくなる日」が、きっとくる。

私は、その日がまだまだずーっと先であってほしいと、今日も神様に手を合わせ祈っている。

三、「頑張って生きているのだけど、限界かもしれん」

この夫婦との付き合いは、もうかれこれ十年になるだろう。

妻が「老人性精神病」で、自宅に訪問看護を開始した頃から、私は、夫が妻に対してそれはそれは誠心誠意の介護をしている姿を見せられてきた。

妻には、幻聴や幻覚、被害妄想などが強くあり、夫以外、彼女と関われる人は、なかなかいなかった。私も訪問を続けながら、本人が会ってくれない日もあり、そんな時には夫からの状況を聞き取るだけで、会わずに帰らなければならない日もあった。

当時から、この夫婦は絶対に施設に入るタイプじゃないと、心から決めつけていたのは確かだ。

その頃は、夫はまだ車を運転することができたので、夫婦でよく買い物にも出かけることができたし、ドライブと称して四国まで出かけることもあった。自宅では、夫が自炊して食事は身体に良いものを、材料にもこだわり手間暇かけて作って食べていた。

一日二十四時間、もちろん限りがあるが、この家は、この夫婦のためだけに自由な時間が流れているように見え、自分たちの時間を、上手に利用していると感じていた。

ある日訪問の際に、呼び鈴を鳴らしても、なかなか応対してくれず、耳を澄ますと中で「オペラ」が流れていた。外に少し音量が洩れていたが、中ではきっと大音量だったに違いなかった。

しばらくして、音楽が止んだと思ったら、今度は「ブラボー」と、大きな声と同時に二人の盛大な拍手が聞こえた。その後再度鳴らした呼び鈴に気づき鍵を開けてくれたのだった。

その日は、二人の大好きな三大テノール歌手の話で盛り上がったものだった。私にとっては、恥ずかしながら、全く知らない人物だった。

しかしこれをきっかけに、私は、その三人が世界で人気と実力を兼ね備えた有名なテノール歌手であるということを知ることになった。

そのようなことを考えると、この夫婦には、自分たちの世界観があり、それを二人で十分に楽しんで生活していると思われ、先のことなんか、ほんの少しも考えてもいない様子に思えた。だから、施設入居なんて彼らには無縁のことだと勝手に思っていたのだ。

そんな中、夫が緊急入院することになった。確か出血性の腸炎だと記憶しているが、その間に妻は、息子や娘のところに引き取られ、一時的に生活を共にせざるを得なかった。それをきっかけに、将来的な話し合いがなされ、本当に仕方なくといった感じで施設入居を強いられたのだった。

自宅は、持ち家とはいえ地代を払って借りていた土地に建っており、解体して返さないといけないとのこと、それと同時に家財道具も無くなってしまうことになった。自分たちの今まで生きてきた歴史すべてが詰まった自宅。夫も妻も、あれもこれも手放すことは忍びなく、とても寂しい思いをしながら、断腸の思いで引っ越ししてきたに違いないことは、持ち込まれた荷物からよく理解できた。

二人部屋は、一人部屋と比べて広いといっても、たかが知れている。畳十五～十六畳ほどだ。

そんな中に、ダメとも言えず、本人が必要とするものは、すべて持ち込んでもらい、足の踏み場もない、雑然とした部屋になった。夫はそれを毎日毎日、時間をかけながら、丁寧にゆっくりと自分たちの今後の住まいとして、作り上げていった。

二人は引っ越ししてからも、よく買い物に出かけ、カーテンや、のれん、突っ張り棒、日よけ、座椅子などを購入しては部屋の模様替えにも勤しんだのだった。

入居から約二年半、その間に妻が精神科に入院するなどのエピソードもあったが、何とか夫婦揃っての日々の生活が送れている。

朝起床して、夫は自分の整容と妻の世話をして、二人で手押し車を押してリビングに降りてこられる。

朝食を摂り、一度部屋に戻って、排泄などしながら一呼吸済むと、今度はラジオ体操の時間に再び前後に並んで、手押し車を押しながらリビングへ来られる。二人は毎朝のラジオ体操の皆勤賞受賞者なのだ。

夫はヘルパーの介助を快く受けてくれない精神不安定な妻の世話を、二十四時間担っていた。トイレの介助や食事の世話など、部屋では、幻聴に左右されて怒りっぽい妻を宥めることなど。施設に入居しながらまさに老々介護だ。ヘルパーにも目に余るものがある。

元気な私たちから見ても、しんどいだろうなあ、よくやっているよなあと、感心する。その役目を、私たちに変わってさせてほしいと、再三話し合ったがそれもまた、「気持ちだけで」「このほうが、この子（妻）も望んでいるし、気持ちよくやりたいようにやらせてあげたいんや、ありがとう」と、丁重に断られるので、手が出せない状況が続いていた。

ところが、ここ最近は夫も疲労感がある様子。私にこんなことを言ってきた。

「最近、頭がどうもおかしい、記憶がない時が多い、耳も聞こえにくくなってきた」と。

夫は、八十四歳になる。

当然、物忘れや勘違いなど認知機能に変化が起こっても何の不思議もない歳だ。

夜間の妻のおむつ交換に訪室した時の話だ。

ノックにも気がつかない様子で、夫は椅子で腰かけて居眠っていたと思われる。

声をかけると、「ハッ」と、我に返りびっくりして目を覚ました、その拍子に自分の椅子やテーブルに乱雑（他者にはそう見える）に置いてあるものが腕にひっかかりザーッと落ちてきた。しかし、そんなことはお構いなしで話し始めた。

「今、下に行ってきたんや、薬をもらおうと思って行ったんやけど、わし、さっき行って全部もらったらしい、でもその記憶がないんや、最近おかしいわ、たった二時間ほど前のことやのに」と話してきたのだった。たった二時間前の記憶が無くなっていると話すのだ。

「そうなんやね、でもそんなこともあるよ、お母さんの世話で疲れているんじゃないのかなあ」と、軽く返した。彼は、続けて話してきた。

「今ボケるわけにはいかんのや、ちゃんと生きなあかんのや」

「今、ボケるところと、そうじゃないところの狭間にいるのがわかる。その狭間の穴にストーンと落ちるわけにはいかんのや、落ちたらあかん、落ちたらあかんって思ってるんや」

この人は凄いと思った。

認知症、この人の言うところの『ボケる人』が、こんな段階を感じるものだろうか？

生きることに必死なんだと思った。

歳をとり老化していく心身の過程に逆らって、必死になっているように思えた。妻のことが一番に心配なんだと思って、私もこんな言い返しをした。

「そうやね、お母さんのことも気になっているから、ボケてなんていられないよね」

と言うと、

「いやいや、そうじゃない、この子（妻）のことなんていいんや、ただ、こうして縁あってここに来させてもらった、みんなが一生懸命やってくれている、だからわしももっとしっかりしないといけないって思っている。頑張って生きているのだけど、限界かもしれん」

常に前向き、前進している。時間のかかることも、身体に堪えることも、面倒くさいことも、一生懸命やっているのは、見てわかっているし本当に頭が下がる。

入居時より、家財道具も増える一方で、「何がどこにあるかもわからない」と言い、「私らにはもっとわからないよ」と言うと、「そうやろうな」と、笑って返す。

整理整頓も全くできていない、ヘルパーに片づけてもらうことも、手を出させてもらえないままの室内環境だが、本人がこの中で安堵するのなら、それで良い。

帰るところもなくなり、本当に彼らの『終の棲家』なのだから。ただ、物に躓いたりして転倒しないかは、ヘルパーが常に心配していることだ。

ここ数日、夫は食事の後もその場ですぐに居眠ったり、夜の訪問でも既にいびきをかいて寝てしまっていたりする。彼の身体は素直にそうすることを要求しているのだろう。

（もう、いいじゃないの、これからは楽に暮らそうよ）そう言いたいが、多分聞き入れてはくれないだろう。

最期までこの夫婦が、この夫が、自分らしく生きられるように見守っていきたい。

きっと彼の性分なんだろうから、そして残りの集大成を花咲かせるためにも。

第二章　予想もしなかった余生を過ごす

一、「すみません、歯医者さんは？」

施設の夕食も終わり、日が暮れ、それぞれの利用者が順番に居室に戻り始める。就寝準備を始める時間帯になると、決まって彼女は車いすを自走しながら、近くの職員に声をかけ歯医者さんを探す。

認知症状がある利用者は、一人ずつ声をかけられ、それぞれにお部屋に誘導され、就寝介助が提供されるのだ。大抵彼女はいつも最後になる。

周囲を見渡すが、そこにいるのは、キッチン担当の職員か、バタバタと居室とリビングを行き来する準夜勤者か当直のヘルパーだ。夕食の後始末で、厨房で忙しく洗い物をしているキッチンさんであろうが、ヘルパーであろうが、お構いなしに、「ちょっと、ちょっと」と、声をかけるのである。

「すみません、歯医者さんは？」

昼間には、同じ質問は決してしない。この時間になると、必ず歯医者に行きたいと訴えるのである。

声をかけられた者は、外は、すでに日が落ちて夜だということを、先に伝える。

「歯医者さんは夜には来ませんよ、また、歯医者さんが来られた時には、お声掛けしますね」

毎度毎度、同じフレーズでの対応の日常を繰り返している。

この決まったセリフは、今の彼女に歯科受診が本当は必要ではないとわかっているからだ。

彼女と会話した経験者なら誰もが聞いたことがある話になるが、

「前にね、歯医者に行ったら、いきなり全部歯を抜かれて、びっくりして、椅子をひっくり返して飛んで帰ってきましてん、痛くて痛くて、それから何も食べれませんねん」

訪問看護で初めて紹介を受けた時には、夫からの悲痛な訴えだった。

「口が痛い痛いと、ご飯を食べないから、痩せてきて心配や」とのことだった。

状態観察も兼ねて訪問看護利用開始となり、一週間に一回の定期訪問が始まった。

当初から口の中には、明らかな炎症などは確認されておらず、歯科、口腔外科、皮膚科、内科など、既に夫はいろんなところへと、彼女と受診を重ねていたらしいが、原因も、治療法も見つからず、至難していた様子であった。しかし「認知症」の診断だけは確かだった。

　七十九歳。小柄で背中は、くの字に曲がり両手で太ももの下あたりを支えながら歩行し、話し口調はとても穏やかで品のある奥様だった。上顎に数本残歯あり、下顎には全く歯がない、義歯を造ったが痛くて使っていないとのことだった。

「前にね、歯医者に行ったら、いきなり全部歯を抜かれて、びっくりして、椅子をひっくり返して飛んで帰ってきましてん、痛くて痛くて、それから何も食べれませんねん」

　このフレーズは、それ以来何百回も耳にすることになる。

　決してそんなはずはないが、彼女には、歯科受診していた頃の記憶が、このように歪んだまま鮮明に、まるで昨日のことのように脳裏に刻まれているのだった。

　看護師の訪問時に、夫は気遣いながらも、一緒に食べてほしいと、いつも紅茶やコーヒーと茶菓子（カステラなど）を準備してくれた。

　言葉では、痛くて何も食べられないと言いながら、「紅茶に砂糖は入れますか？」と本人に尋ねると、

「はい、はい、ありがとう、三杯」と答え、看護師が紅茶にティースプーンで三杯のお砂糖を入れる。一口飲んでは「美味しい」と、嬉しそう。

そして、お菓子の袋を開けて彼女の手のひらに乗せると、

「わぁ、美味しそう、食べていいんですか、ありがとう、ありがとう」と、何回も頭を下げては、看護師を見つめ「一緒に食べて」と、勧めてくれる。

夫の話では、「二人の時には、口が痛いからと食事はほとんどしないし、栄養ドリンクも飲んでくれない、でも、デイサービスでは、いつも、完食した、と書かれてある、どういうこっちゃ？　ようわからんわ」と。

私たちにも全く理解できなかった。しかし、食べる機能には問題がないことは確かだった。

訪問開始から三年が経過し、特に体重減少や、体力の著しい低下などは見られなかったが、当時八十四歳になる夫には、介護負担が大きいとのことで、この施設への入居の話が持ち上がった。

夫にも、年相応の物忘れなどの症状が見られたことが、大きなきっかけになったのだった。

「家内が、何でも忘れてしまう、このまま施設に入ったら、わしのことまで忘れるんちゃうか」と心配したり、認知症状もかなり進行しているので「施設でご飯食べなかっ

たらどうなるやろう」と、入居ぎりぎりまで思案していた様子だった。

入居直後から、彼女にはそんな心配は全くいらなかった。すぐに施設での生活にしっかり順応した。良いか悪いか自宅での記憶もすっかり忘れ、面会時、夫のことは理解できるが、夫が帰ると数分で忘れてしまう。

食事は問題なく良好摂取で完食。夜間もすやすやと眠り、日中は車いすで移動しながら、穏やかな暮らしを始めた。

しかし、

「すみません、歯医者さんは？」

「歯が痛いんですわ、前にね、歯医者に行ったら、いきなり全部歯を抜かれて、びっくりして、椅子をひっくり返してとんで帰ってきましてん、歯医者さん来たら診てほしいですねん」

このフレーズは、変わらず続いている。

『認知症』

物忘れ、記憶障害、判断力の低下……、いろんな症状はあるが、彼女のように決して頭から消えない、歪んだ記憶が残り、苦痛を強いることもあるようだ。

環境が変化し、今までの日常生活がガラッと変わっても、彼女は、最低限必要な衣、食、住には問題なかった。

しかし、歯医者のこの記憶だけは、まるで昨日のことのように訴え続けている。よほど、彼女の人生に大きな影響を与えた出来事だったに違いない。

このフレーズを口にする時以外は、歯のことなど気にも留めない、食事もきちんと自分でしっかり食べられる。トイレも連れて行ったら自分でできる。

なのに夕暮れの時間帯には、思い出したように訴える。この話をする時には、きっと辛く苦い思いを感じているに違いない。

「歯医者さんは夜には来ませんよ、また、歯医者さんが来られた時には、お声掛けしますね」

私たちも、同じ返ししかできないが、その時だけでも安心してもらえ、彼女の気持ちを楽にしてあげられるために、どうしたらいいのだろうか？　考える。

認知症状で物忘れしてしまうが、自分が嫌な記憶だけ取り除ける、そんな魔法のような薬がないのが残念だ。毎日のことだから、「またか」と、思いがち、けれども彼女に呼び止められたら、目線を合わせて優しく、同じように愛を込めて話すことしかできないのだろう。今夜も彼女の不安に付き合うつもりで。

二、「そんな馬鹿なぁ、私《うち》のことちゃうやろ？」

のんびり、ゆっくり、マイペース。もっちりとしたお尻をＯ脚の短い脚で、支えながら歩くのが特徴的だ。大きなスリッパを履いているので、彼女が歩く時には、廊下にはいつもペタペタと音が鳴る。

食事前には、空のペットボトルを軽々と、そして食後には新しいお茶を入れてもらってしっかりと、三件隣のおばあさんに手編みしてもらったレースの入れ物に入れてやってくる。それはもう、彼女の手垢がしっかり付いて編みたての時の鮮やかな色とは全く違っている。大事に大事に使っているのだ。

顔を合わすとニコニコとして、常から彼女が怒る場面にはあまり遭遇したこともない。

食事もみんなと一緒に始めるが、箸を持ってテレビを見入ることが多く、時間をかけて頂き、周囲の人が居室に戻りかける頃に、ようやく「ごちそうさまー」と、キッチンに声をかけるのだ。

彼女は、他の認知症の人に関する観察力が凄い。

「ちょっとちょっと」と、ヘルパーを呼んでは、

「あの人また、アレ落としたで」とか、「勝手に行ったたでぇ～」とか、「何か食べてるでぇ」などの、チクリ（報告）をするのだった。もちろんヘルパーは、そんな他の人の行動も十分にわかっているのだが、「はいはい、ありがとう」と、答えてあげる。

その日、昼食時間にみんながリビングに集まって、居室が空になった頃を見計らって、私は一人ひとりの部屋の空気の入れ替えのために空いた部屋を順番に回っていた（コロナ感染予防の対策が私たちの日頃の業務を増やしていた頃だった）。

二〇六号室が、彼女の部屋だ。誰もいない静かな部屋。私はなんとなく布団が盛り上がっていることが、気になった。

そして、布団の端を少しめくってみた。

その下の枕も傾いて片方は上がっていた。

「ギョッ！」

枕の下には、雑にいろんな物が、しまってあるのか？　隠してあるのか？　目に留まって驚いた。

ヘルパーからは時々聞いていた。彼女は布団の中になんでもしまい込んでいると。何回片づけてもまた、その物はその場所に帰ってきていると。

「はぁ、これがそうか」、初めて実際に自分の眼で確かめた瞬間だった。

リビングに降りて、食事中の入居者に、

「今、みなさんのお部屋の換気をしていますので、戻ったら入口と窓を閉めてくださいね」

と、お知らせした。

昼食後、いつもの「三婆」と私が名付けたメンバーが屯しているところは、二階の東側の生駒山が見える大きな窓の下の腰かけだった。

笑いながら世間話をしている中に、「私も入れてぇ〜」と、仲間に入れてもらった。

そこで「そうそう……」と話を切り出した。

「○○さんって、どうして枕の下に、いろいろと物を集めているのかなあ？　何かの宗教の教えか？　それともお呪いかなあ？」と。

三人の中で一番若い彼女は、七十七歳。

両端の二人は、九十一歳の歩行器ゴロゴロお婆と、八十八歳の杖付きお婆だ。○○さんは、三姉妹の末っ子である（三人が本当の姉妹なら）。

「そんな馬鹿なあ、私《うち》のことちゃうやろ？」と。

「いやいや、○○さんのことよ、何でかなあ？　不思議に思っているんだけど、一度聞いてみようと思っていたのよ（笑）」

他の二人のお婆がそれを聴きながら、クスクス笑う。もちろん本人も。

「ちゃうわぁ、そんなんせぇへんよ」

「してるって」

「してないって」

「そうしてるって」の、繰り返し（少ししつこかったと反省）。

「ヨシッ」と、彼女が腰をあげた。「じゃ行こう」その三人と私とで部屋を見に行くことになった。

本人は、ペタペタとゆっくり歩き、その後ろを歩行器ゴロゴロお婆、次いで杖付きお婆。かしまし娘の大移動。まるで謎解きグループのお婆探偵団のようだ。

彼女が先頭切って、自分の部屋に入るとベッドに直行した。そして、

「枕の下になんか、何も無いって……（絶句）……」と、言いながら枕を持ち上げた。

固まった。

枕の下には、大皿の上に重なった小鉢、コップ、箸、経本、雑誌、お菓子の空袋……。

あるはずのないものが、何でこんな場所にあるのか、みんなが一斉に目を見開いて確認した。

数秒後、みんなで顔を見合わせ手をたたき、また彼女の肩をたたきながら、愛情たっぷりの大笑いをした。

彼女もきっとその時は、自分の考えで行動しているに違いないが、継続しての記憶はないのであろう。ヘルパーが生活援助で入られた時には、一緒にきちんとそれぞれの定められた位置にしまわれる。それなのにまた、時間を経過すると同じ枕の下に、彼女自ら収納してしまう。なぜこのような行動をとるのだろう。

私たちは、彼女の行動を止めたり、自分たちの常識で変えたりすることや、治療することなどはもちろんできない。

彼女は、記憶に障害がある人なのだ。自分のとった行動を忘れてしまうことが当たり前のことである。彼女にとっての当たり前のことを、否定したり、訂正したりして、機嫌よく過ごしている時をわざわざ不愉快にすることもない。

この後も、彼女の行動に変化はないが、特にこちらから矯正する必要もないと考えている。誰に迷惑をかける行為でもないと判断した。一週間に二回はヘルパーのお掃除支援がある。そこでの観察は必要だが、敢えて見守るだけにして、また、時々はお婆探偵団の出動とともに、一緒に笑っていきたいな、そう思った。

三、「なんだろうね？　硬いのよ」

毎日が、同じことの繰り返しのような施設での日常ではあるが、決してそうではない。みんな利用者はそれぞれが、昨日とは違って変わっている、進行している、退化している、そして良くなっていたり、悪くなっていたりするものだ。

そんな現実に、私たちは常にアンテナを張り、いち早く対応できなければならない。

良いことも良くないことも、いろいろと気づかされることは確かだ。

いつものような、昼食の時間、入居者は食事時間にリビングに集まって自分の席についている。ＤＶＤが流され、『ごぼう先生の口腔体操』が始まった。

「(^^♪)パタカラ、パタカラ、パタカラ」

音楽に合わせて誤嚥予防の体操、入居者はもう慣れたもの、口はパタカラと動きながらも、テレビ画面より配膳されるお盆に乗った今日のご飯に目が行くのだった。

職員がそれぞれに配膳して、必要な利用者にはエプロンを付けてあげるために回っている。

普段なら、食事介助が必要な入居者さん一人に一人介助のヘルパーが隣に就くために、そのことに目が行きがちで、手を取られ、それは見過ごされるような光景だった。

私は偶然彼女の傍を通りかかり、驚いた。そして自分の眼を疑った。

元々、物盗られ妄想が強い彼女が自宅で過ごしていた頃は、

「泥棒にまた下着を盗まれた。パンツがなくなっている」と、毎日のように泥棒と苦戦していた。

泥棒は、裏の勝手口の鍵を容易に開けて入って来るらしく、「またやられた」、と思

い込み、鍵を取り替えるために、「鍵の救急車」に電話していた。

そして、その都度鍵を付け替えてもらっていたのだ。それも常識では考えられない回数である（認知症の高齢者と軽んじてよく業者も対応したものだ）。

正面玄関でも同じ、玄関の間に内側から、障子が一組仕切りとしてあるのだが、泥棒対策でその障子にガムテープを目張りしていた。訪問して呼び鈴を鳴らすと、中から「はーい、待ってくださいねぇー」、声は聞こえるが、顔を出すまでにそれはそれは時間を要した。一枚ずつ防犯用に自分で貼ったガムテープをはがす手間があったからだった。

やっとの思いで中に入れてもらったかと思うと、「また、夕べも泥棒が来てね……」と、話し始める。訪問看護師だとは理解していないために、私のことも「見たことある人」ぐらいにしか思っていないのだった。

室内は散乱していて、畳も見えないほどの衣類が雑においてあり、どこまでが寝床なのか、またこれは、どこからが洗濯するものか、したものか。区別もできない。天井からはタコ足の物干しが吊られていて、いつもタオルや下着、靴下などが雑にぶら下がっているのだ。外に干すと盗られてしまうからと言う。

盗まれたと言ってはいるが、そもそも何がどこにあるのか把握できているとは、全く思われない環境の中で、私は、腕を組んでまるで名探偵コナンのように、その場に立ち尽くしてしまうのだった。その光景は、彼女からすれば「犯人は誰だ？」と、一緒に考えてくれていると思ったに違いない。しかし私の頭の考えは（いったい、この状況を彼女にどのように説明すれば理解してもらえるのか）だった。

認知症状が強くなり、そんなことが続くのであれば、在宅生活は困難との判断から、施設入居が検討されたのである。

施設入居にあたり、家財の整理をして持参したのは、深く信心している新興宗教関係の立派な仏壇と、その代表者の教えの著書大全集百巻。加えて季節ごとの選別された下着類を含む衣類、リネン一式であった。

入居後も、「あれが無くなった、これが無くなった」と、洗濯に出したことも忘れてしまい、常に被害者となって大騒ぎをする。

そして盗まれることを心配する気持ちからだろうか、何枚も何枚も、ズボンや上着を重ね着するようになった。まるで大人版のキューピーちゃんみたいに、プクプク体形だ。

そんな彼女のことを、私たちは、『物盗られ妄想のある人』と、受け止めていた。

そんな彼女が今、目の前で何をしているか。

なんと右手に箸を持ち、左手には、ご飯茶碗、とは当たり前。

オンザライスは、な、な、何と『入れ歯』だった。

びっくりしたけれど、周囲はみんな黙って食事中だったので、自分を抑え耳元で、本人に聞いてみた。

「これは何？」

ご飯の上に乗ったものを指差して聞いてみた。

「なんだろうね？　硬いのよ」

と、箸で入れ歯をつつきながら答える。

彼女にとって、これは完全におかず。

入れ歯だという認識は全くなく、食べ物だと思って疑うことはない。

口に入れては、硬くて噛み切れず、ご飯の上に戻し、ご飯を一口食べてはまた、入れ歯を口に入れる。当然、彼女の上の歯は、ライスの上なので、彼女は入れ歯なしで食事中。何度食べようと同じことを繰り返しても、味がしないのは当たり前のことながら、噛み切ってのどに運ぶことなんてできるはずもない。

彼女の上顎の入れ歯のようで、残歯部分はない。漫画のような形?の入れ歯ではない。金具もむき出しに造られている部分入れ歯なのだ。

『誤認』(全く違うものを本人は間違えてそれだと認識してしまうこと)

これが何か? 名前はもちろん、何をするものか?もわからなくなっている。だから、「これは、○○さんの入れ歯よ」と伝えても、全く動じず、「そうなのぉ?」と。

驚くわけでもなく、間違ったと笑うわけでもなく……。

「どうりで、噛めないはずよね」なんていう言葉を期待するほうが間違いか。

数日前には、四分割されたオレンジを皮ごと食べたとか聞いた。朝食についてくるバナナは、下膳した時には、皮すらない。初めからなかったという彼女の言葉を鵜呑みにして、もう一本出して食べてもらったが、「もしや?」。

皮ごと食べてしまい、目の前になくなってしまったら。記憶に残らない彼女の認知症状の仕業だったのかもしれない。

今までは、食事ぐらい、介助や見守りがなくても、配膳後にちゃんと食べるのが当たり前だと思っていた。「ごちそうさま」と言われてから、「美味しく頂けましたかぁ」と、下膳するだけで十分な人だと思っていたが、ヤバイ。これからはそれでは済まされない。彼女に限らず、ここでは何が起こるかわからない。この日を境に、彼女が食事をする時には、見守りが必要になった。

入居者の状態は間違いなく変化している。

私たちは、「この人は、こんな人だから」と、安易に決めつけて、理解してはいけないんだと反省する。彼女が入居してきた理由は、『泥棒が家に来て困ってる人』と、簡単に済ませてはいけないことだ。

こんなことが今起きているのだから、きっと彼女の先には、まだまだ顕在化されない問題が様々あり、その状況が起こった時には、彼女の生命を危機にさらすことも出てくるかもしれない。

彼女はこの先、私たちが想像しない行動をとる可能性が十分あるだろう。関わる職員はすべてに気を配る必要があることを、肝に銘じなければいけない。

それは、彼女の生命を守るための、私たちの大切な務めだからだ。

四、「これ何?」「食べていいの?」

運動機能低下は、ほとんどなし。

しかし、彼女の認知症状は、数秒前の会話も忘れてしまうほど。

以前は、リビングのテーブルにある目の前のティッシュケースから、一枚一枚ティッシュを抜いては、丁寧に折りたたみ、自分の懐にしまうのが日課だった。

そして本当は、その作業をしている時が、彼女にとって一番穏やかな時でもあった。

しかし、他の利用者さんから、「また取ってるでぇ～」などと大きな声をかけられると、ヘルパーも、「これはみんなのものだからね……」と、その場からティッシュケースを片づけないと、収拾がつかなくなってきてしまっていた。

いつの間にか、彼女の前からティッシュケースは消えた。

今では、そんなこともすっかり忘れ、日中は常にリビングに腰かけて、決まった気の合う入居者と、ちぐはぐな会話を楽しんで?いる。

入居前は、自宅で心不全の夫の介護をしており、若かりし時には看護師さんだったと聞いたこともあった。夫が使用している在宅酸素の電源を勝手に切って、チューブを丁寧にまとめて、しまい込んでは叱られていたことを思い出す。

私が夫に訪問看護を提供していた際に、夫からこんな話を聞いていた。

「買い物に行くと、決まってバナナばかりを買ってくるんですよ、違うやろッ、買ってきてほしかったのは○○○やったやろ？　って、もう一度行ってもらうと、またバナナを買ってきて……」と。

『アルツハイマー型認知症』

夫が亡くなってから、彼女は独り暮らしとなった。

遠方の娘さんが時々様子を見に来てくれるが、認知症状の進行が気がかりで、火の元が一番心配なのでと、ガスの元栓を切り契約を中止したのだった。その代わりに、電子レンジの使用方法を何回か伝授したらしい。

数回は使用できていたようだが、使用方法を間違えて、レンジから火を出したこともあり、それがきっかけで、独居生活に終止符が打たれ、母親の独り暮らしに限界を感じた娘さんからの依頼で、入居してきたのだった。

彼女の家は、この施設から歩いて数分の場所にあり、いわば同じ町内である。当初は、自分の住まいの住所を細かく記憶していたが、今ではその記憶もなくなり、どこから来たの？と尋ねると、「愛媛県、宇和島。今さっき着いたところよ」と言うようになった。

カラオケが大好きなようで、何がかかっても口ずさむことができるくらい、昭和の演歌は良く知っていた。音楽がかかると、すぐに手拍子をしたり、椅子の肘置きを片手で叩いては、調子をとるのだった。

昼間は、ほとんどリビングで過ごし、トイレに行きたくなったら「ごめんごめん」とヘルパーに声掛けをして「トイレ行きたいんだけど」と、失禁することなどもほとんどない。

そんな彼女は、最近食べ物の名前が出てこないようだ。そして名前を教えても、まるで初めて聞いたかのような、そしてそれをどうしたらいいのかもわからない様子を見せる。

毎回の会話であるが、自分のお膳を前に、

「これ何？」「食べていいの？」「どうやって食べるの？」「こうやって食べるの？」「ほんとだ美味しい」という会話がよく聞かれるようになった。箸の使い方はばっちり。上手におかずを挟んで、口元へ運び、口に入れるしぐさをしながら、「こうやって食べるの？」と聞いてくる。

「そうよ、食べてね」と答える。口に入れた後は、左手で口元を隠しながら、私の顔を見て「ほんとだ美味しい」と、にっこり微笑む。

自分が今、食べている物がわかるだろうか？　「これ何？」と、がんもどきの炊き合わせの小鉢を指さして聞いてみる。

「これ？　トウモロコシやろ」「じゃあ、これは何？」。隣のメインのさんまのトマト煮を指すと、「これ？　炒め物」と、毎度毎度同じ返事だ。

『トウモロコシ』と、『炒め物』。

そして、時々は、「これ？　そうやね、あんたらのところではなんていうの？」と、聞いてくることもあるが、それ以外のみそ汁や、ご飯も名前はわからない。

徐々に、脳は委縮しているのだろう、彼女の頭の中に残されたワードは、確実に少なくなってきている。食べ物についてのワードはこの二つしかないようだ。あとは、「なんやろね？」と逆に聞いてくるのだった。

それでも、彼女を見ていると生活自体に何も不自由さは感じている様子もない（私の主観だが）。時々スタッフと彼女の様子を語り合う時がある。

「私は、こんな風になったら、もう生きているの嫌だわぁ」というスタッフの意見もある。

本当にそうだろうか？

時々、私は業務の予定や約束を忘れることがある。それは担当者会議であったり、銀行との取引の契約日時であったり、面接者の来訪時間だったりする。

忘れている時には、頭の中にそのことが無いので、何も感じないし、その日の時間調整も無く、自分の時間として余裕があり好きなことに没頭できている。ゆったりと。しかし、いざそのことを思い出した時に、びっくりしたり、胸がバクバクしたり、その時間が近ければ近いほどそうだ。ましてやその時間を過ぎていたり、誰かに指摘され思い出したりした時ほど焦ってしまう。

彼女たちの、何もかも忘れてしまっている感覚を想像した時には、なんとなく自分のその『忘れている時間』を思い出す。ゆったりまったり余計な煩わしいことは考えず、良い時間にも思えるのである。しかし、感情は普通どおりある様子。褒めてもらうと嬉しい、叱られると悲しい、勝手な希望を言えば、そうなってもみんなに優しく接してほしい。だから私もそう接する。

私は、もし自分がそうなったら、人として自分を嫌やなぁと思うよりも、日常の煩わしさから解放されて、ゆったりのんびり生きられる時が来たなぁと思いたい。でも、先のことなど、誰にも自身で選択できない。誰もが人生を思い通りに生きているようだが、本当はそうではないのだ、ということがよくわかる。どのような余生を最期に送るかは、神様の計画の中でしかわからないのが、少し楽しみでもある。

第三章　彼らの日常

一、「しっかり棺桶に入れるように、足腰鍛えに来ましたよ」

私たちの施設では、外部の介護保険サービスを利用することを、むしろ推奨している。それぞれが自分に合ったサービスを保険内で選択している。もちろん、家族や担当ケアマネジャーと相談の上ではあるが。

彼女は、週に一回、半日のリハビリ特化型デイサービスを利用している。

しかし毎回、なんやかんやと理由をつけては、さぼろうと?する。

八十八歳、杖歩行ができて、何とか身の回りのことは、自分でできることも多い。物知りで、施設の畑の野菜を収穫してきた時などは、下処理を手伝ってもらい、漬物の塩加減を任せられるほどである。それも張り切って協力してくれるのだ。

家族はもちろん、私たちも、このままの状態ができるだけ長く続いてほしいと願っている。

なので、担当のケアマネジャーとの相談で、『日常生活動作の維持、向上』を目的として、外部の通所リハビリを利用してもらおうと、介護サービス計画が立案されたのである。

毎週金曜日がその日にあたり、午後からの参加だ。ちょうど、昼ご飯が終わりしばらくしていると、迎えの車が来る手配になっているのだ。

彼女は、入居する少し前まで自分で自家用車を運転し、高速道路も慣れたものだった。遠距離（県外）まで出かけて行っては、自分の姉妹と語り合うことが楽しみでもあったようだ。八十を超えて、高齢のために運転を心配する娘らに免許証の返納を勧められても、なかなかそんな気にはなれなかったと話していた。

今は亡き夫は、運転免許を取得しておらず、自宅から大阪市内の工場まで働きに行くが、「帰りはよく迎えに行ったもんだ」と、彼女が話してくれた。夫は仕事一筋で、夜遅くまで工場にいて迎えはいつも夜遅い。でも「高速飛ばしたら速いもんや」と、自慢げに話してくれていた。

しかし、娘たちはそんな彼女に対して、強硬手段をとった。

とうとう車の鍵を取り上げられてしまった。それで運転することを突然止められてしまったのだ。

そんな彼女だからこそ運動神経はまだまだ、年には負けない自信もあったのだろう。
「腰が痛いから」「風邪っぽいし熱があるみたい」と、身体的な本人の自覚症状がある時には、もちろん無理強いはしないで休んでもらうこともあるが、今日は、
「いやあ、今日も止めとくわ、もう棺桶に片足突っ込んでるんだから、今更リハビリなんてもういいわ」と、こんな年寄りに今更リハビリしたって効果なんかないんだから、といったような言い訳だった。

確かに、昼食後のゆっくりしたい時間帯に、わざわざ出かけて行って、訓練するよりも、顔見知りの慣れた施設の入居者同士、世間話をして笑っているほうがよっぽど楽だし楽しいと思うのである。

うん、わかるわかる。

でも、みんなで話し合って決めた介護保険を利用しての計画上、そう簡単に休ませるわけにはいかない。

といったことから、こちらもその言葉を逆手に取ることにした。
「へぇ～、片足しか入らないの？　残念やね、リハビリを時々さぼるから、片足だけしか棺桶に入れられないでしょう。しっかりリハビリして、ちゃんと両足そろえて棺

桶に入れるように頑張ってもらわないといけないなぁ」と。

本人も、周りで聞いていた入居者やスタッフも、大声で笑った。

施設では、この程度のユーモアをその瞬間理解できて笑ってくれる入居者が多いことも幸いだった。

彼女は、この言葉を聞き、「負けた！」といった表情を見せ苦笑していた。

そんな話で盛り上がる中、「お迎え来ましたよ」と、事務の女性スタッフがリビングの笑いの中に伝えに来た。

さぼることは諦めた。

「はいはいっ」と、ゆっくりと腰を上げた彼女は、使っていた杖を事務員に預け「置いといて」と、自慢のしっかりとした足取りで、玄関に向かった。

「お願いしまぁす」と、運転手にあいさつをし、今日は助手席に乗り込み、再度こちらを見て手を振った、「行ってきまぁす」と。

自分の話で、周囲を笑わせたんだと少し満足気に見えた。

職員も笑って手を振って「行ってらっしゃい」と見送った。いつもとは少し違った見送りだった。今日は、さぼれなかったねと、軽くウインクしながら。

昼食後の和やかな時間を過ごしたリビングから、一人、また一人と、入居者がそれぞれに居室に戻り始めた。自室で、テレビを見たり、お昼寝をしたり、また入浴の声掛けを待ったりしながら、思い思いの午後の時間を過ごすのである。

少し時間が経って、周囲には、まったりとした静かな午後の穏やかな時間が流れている。

私はつい先ほど送り出した彼女のことを思い出していた。

今頃到着したデイサービスでもきっと、

「しっかり棺桶に入れるように、足腰鍛えに来ましたよ」と、張り切ってリハビリしているのだろうなどと妄想し、一人でクスっと笑った。

関西のおばちゃんは、何かとおもろいもんだ。とんちを効かせて、いつも互いに笑っている。朝は朝の会話、夜は夜の会話、それがとても面白い。私はそう思う。ここにいると飽きないのだ。自宅で独りで寂しいと思っていたことなど忘れてしまう。

先輩方に失礼のない程度をわきまえながら、言いたいこと言って、笑っていこう。

彼女は、古くなっても気に入って手放せない愛車のようだ。音はうるさくても、粘ればまだエンジンはかかる。それから動き出すまでに時間もかかるが、それでもまだ、エンストや、ガス欠を起こさせるわけにはいかないと感じた。だからもっともっと、関わる中で関西流の発破をかけていこうと思った。これからも、たくさん面白い話をして一緒に笑っていたいから。

二、「あなたに、お礼の手紙が、書きたくて」

終日寝たきりで、移動手段は車いす。加齢に伴う軽い認知症状が時々あるが、それによる生活上のトラブルはほとんどない。

自分で自身のことは何もできなくなってしまっている。

彼女が日常生活を維持していくためには、生活全般において誰かの手を借りなければならず、自ら自身の身体の向きを変えることすらできない状態である。

ここに来る前は、娘さんの家族と同居し賑やかに暮らしていた、訪問看護や訪問リハビリも定期的に利用していた。

食事の量が減った、ゆで卵を食べたら咽《む》せたようだ、微熱があるみたい、踵が赤くなっているなど、些細なことでも家族は心配し、訪問日以外でもよく電話相談を頂いていた。高齢の母親にもっともっと元気で居てほしいとの気持ちは、十分すぎるほど私たちには伝わってきていた。

その頃は、自宅では誰かが手を貸せばベッドから立ち上がることができていた。だから、家族と一緒に居間で食事することもできていた。

加齢とともに筋力は衰え、寝ている時間も長くなり、なかなか離床も難しくなってきていた。

そんな中、利用していたデイサービスに参加中、突然発熱した。三十九度五分。高熱だった。このまま帰宅したら、家族はますます不安がってしまう。今夜はうちでショートステイを利用したらどうだろうか？　そんなことを考えながら、「施設のショート部屋で、一晩様子を看させていただきましょうか？」と提案したのだった。入院するほどでもないこの状況に、すぐに娘さんも来訪され、「そのほうが安心する」と、簡単な身の回りの物を持参してくれた。それから一時は帰宅したものの、自宅での介護は負担が大きくなり、家族の決断で、入居する運びとなったのも、そう時間は経っていなかった。

彼女は、今年で九十三歳を迎えた。

居室は、たくさんの家族写真で飾られている。娘、孫、ひ孫に加え、よく見ると、モノクロの被写体はなんと彼女のお母様まで、きっと明治生まれのお母様だ。彼女は常に家族みんなに見守られてここで生活を送っている。

いつもニコニコいい表情を見せる時には、目をパッチリと開け、必ず口角をグッと引き上げるのだった。最高の笑顔だ。

名前を呼んで声をかけると「ハイッ」と、眠っているようでもすぐに、見開く瞼の奥には、かわいい瞳を見せてくれ、まるで小学一年生が初めて先生に名前を呼ばれた時のように、「私はここよ」と言わんばかりに、返事をしてくれる。

「調子はどうですか？」「まあまあですよ」と。

決して、しんどいとか、辛いとは言わない。

食事の介助の時などは、「どうぞ」と、一口サイズのおかずをスプーンで口に運ぶと、その声と同時にちゃっかり、口を開けて食べる。

彼女の両手の指は、細くなり枯れてしぼんでしまった百合の花の先のように硬くなっている。五本の指が一つに集まっており、自分で広げたり、何かを摘まむといった機能もできなくなってきているために、箸はもちろんスプーンでさえ自分で持つことはなかった。

ただ、「いただきます」をする時には、両手を合わせ（指先しか合わないが）顎を前に出して、頭を下げる、そのしぐさがなんとも愛らしいのだ。吸い飲みで水分補給を促すと、両手も添えてくれるが、彼女一人にそれを手渡すことは不安定で決して任せられることではない。

数口食べると、決まって、「あなたもお食べ」と言い、介助者を気遣う優しさにあふれていた。

ヘルパーは、おむつ交換、更衣、体位変換、水分補給、食事介助、見守り、すべてにおいて、介助し、生活援助といわれる洗濯や掃除でも、定時になると担当者が決まって訪室するのが、日常業務である。

決められた時間に訪室し、決められた手順で、ケアサービスを提供して退室する。

私はこの日もいつものように夕食介助の準備のために訪室した。

西日がカーテン越しに彼女のベッドの掛布団を温かく包んでいた。いつもと変わった様子は特になく、ケア中の些細な会話だった。

「もうすぐご飯ですよ、お腹空いてますかぁ？」私の大きな声で、びっくりした様子、大きく目を開け何やらきょろきょろされる。

今日の彼女は少し違った様子。はっきりとした声で、

「便箋、なぁい？」と言ってきた。なんて言ったのか？　でも、そう聞こえた。

メモ帳なら、そこらに紙があるし、ペンは私が持っている。何するつもり？

「どうして？」「何するのですか？」

と聞いてみた。彼女は私を見て、またまたはっきりと、

「あなたに、お礼の手紙が、書きたくて」と言った。

突然の予測もしない会話になった。

わたしは一瞬、手が止まり、胸に何かがこみ上げてきた。自分の瞼の奥が熱くなるのを同時に感じた。

決して、自ら字が書ける状態ではないにもかかわらず、まるで、便箋とペンがあればそれくらい私にも……と、言わんばかりの淡々とした軽い調子に聞こえた。

今まで決して、ヘルパーを手こずらせたり、ケアを自ら困難な状況にしたりすることはなく協力的でお世話をしやすいおばあちゃん。

そんな彼女は、私たちの当たり前の業務での関わりに対して、いつも何を思っていたのだろう、ゆっくりと自分の気持ちを伝えたいなぁなんて、考えていたのだろうか。

「ありがとう」は、いつも退室時に聞かれる言葉だった。どんな時でも終わったら「ありがとう」は、欠かさない。

そんな彼女の言葉に私は「いいえぇ〜」と軽く返し退室していたものだ。

「お礼の手紙が書きたい」と言っていたが、私は一番に、入居者さんはしっかり私たちを見ているのだと思った。動けないベッドの上で、今はこの人が来てくれている、次はこの人が来ると、きっと思っているに違いないと。

私たちは、日々の介護をなんとなく「やってあげている」といった、上からの目線で彼女たちに、押し売りしていることは果たしてないだろうか?

胸に何かがこみ上げてきた感覚と、瞼の奥に熱いものを感じたのは、「嬉しい」とかではなく、「私は見られている」と、自分を急に客観的に振り返って考えた瞬間の、素直な身体の反応だったと思った。

身体的にできなくなったことだけの介護ではなく、入居者の気持ちや、言いたいこと、そして何を思っているのか、どう感じたか、私たちは理解しなくてはいけない。忙しいとはこっちの都合だ。

手紙が書ける状態では決してない彼女が、「書きたい」「伝えたい」と願った気持ちの中に、どれだけの思いが詰まっているのだろうか？

「わかってますよ、あなたの気持ち。伝わっていますよ、あなたの思い」と、答えたい。

そして、私たちは、その気持ちを表現させて共感できるように、支援していかなければならないとも思った。そして、「あなたにお礼の手紙が書きたくて」の言葉そのものが、私たち介護者への、彼女からの最高のプレゼントとして受け取りたいと思った。

三、「この犬、連れて帰ってくれるか、昨日買ってきたんやけど、いっこも（全く）俺に懐けへんねん」

「♪(^^♪ピロロリ～ン」

「はぁ、今度は何？」二〇八号室のナースコールには、大きなため息が出るのが正直なところだ。「またかぁ」といったところである。

この部屋からは、「今日の夜勤者は誰ですか？」「今日は何曜日ですか？」「誰ですかあ？」といった些細なことでもコールが鳴るからだった。

彼には、緊急時以外はナースコールを押さないでほしいと、再三伝えてあるが、全く効果がなく、彼にとっての緊急事態は毎日頻回に起こるのだった。

パーキンソン病を患い、身体的にオン状態、オフ状態を繰り返し、自分ではなかなか思うように身体が動かず、車いすへの移動でも、自らできる時と無理な時とがある。そのために、もちろんヘルパー介助は欠かすことはできず、ナースコールは手放すことができないのも事実だ。

しかし、頻回に鳴るコールに、私だけではなく、最近では他のヘルパーも「またか」と、携帯用の応対機（ＰＨＳ）画面を見ながら、自分以外の人が取ってくれないかと「思うことがある」とは、本心かもしれない（聞いたことはないが）。でも必ず誰かが応対するのである。

けれども、問題はそのことではない。

問題は数年前から、彼を苦しめる「幻覚・妄想」の症状なのだ。

本人も、幻覚の仕業と理解していることもあるのだが、「夜中に度々男が入ってきて、布団を剥いでいくんや」。「天井からタランチュラが下りてきて、捕まえようとすると消えてしまってまた逃がしてしまった」。以前はアナコンダまでが、出没し彼を苦しめていた。

それに加えて、妄想は、「トイレに数か月閉じ込められて、今日やっとの思いで脱出できた」とか、「腰が痛いのは、あの体の大きなリハビリの先生に背負い投げされた後遺症だ」といったことである。

いろいろな出来事が彼の生活環境を取り巻き苦しめているのである。

今回のコールを受けて、訪室すると、彼はベッドに横になり、右手は振戦《しんせん》しながら、ベッド下に向けて指をさし、真剣にこう言うのだ。

「この犬、連れて帰ってくれるか、昨日買ってきたんやけど、いっこも（全く）俺に懐けへんねん」と。

犬などいるはずがないに決まってる。

「そこにいるやろ？　早く向こうに連れて行ってくれ」と。

今思い起こせば、失礼な対応だが、私はただただおかしくて、大声で笑ってしまった。

「何がおかしい、早く連れていけっ」と、彼は真剣そのもの、益々興奮状態にさせてしまった。

ひと笑いした直後、

「あのねえ、まずいつ買ってきたの？」

「一人で外出もできないし、施設の部屋で犬を飼ってもいいなんて許可もしていない。お金も持ち合わせていないでしょう？」

「白い犬やで？　そこにおらんか？」

「いないよ、また幻覚ちゃうのかなあ」

まだまだ、右手の振戦は止まらない、

「なんで犬なんか飼おうと思ったの？　世話もできないでしょう」

「知らんがな、昨日買ってきたんや、言うこともきかんし、参るわ」

ただただ、自分に懐かないこの犬を、早くここから連れ出してほしいというだけで、話のつじつまなど全く合わず、私の話には耳を貸そうともしない。

臥《が》床《しょう》している彼に手を貸して、ベッドの端に座らせた。

「どこ？」と聞くと、フッと我に返ったかのように、首を傾げた。

表情が少しずつ変わっていくのがよくわかる。鋭い目つきが通常の彼のまなざしに。

妄想だと理解し始めた様子だ。

妄想を持つ人は、その考えが妄想であるとは認識できない（病識がない）場合が多いのだが、彼の場合は、長年の病歴からも、服薬状況からも、自分が時々妄想や幻覚に悩まされるといった認識はあるようだ。

笑ってはいけなかった。私には、彼が病気からくる奇妙な症状と闘っているという自覚が希薄になっていた。

でも、正直なところ、今日の話は突然すぎて面白かった（言い訳だが）。

共に同じ屋根の下に生活することになった入居当時には、この病気に悩まされ苦しんでいる彼を助けたい、そして残りの人生で安心してもらいたいと思ったのも事実、幻覚、妄想といった辛い思いが彼を苦しめているんだと、十分理解していたはずだった。

ここは治療の場ではないが、安心して暮らしたいはずの日々の生活の場。

しばらくして私が退室する頃には、彼も一緒に、馬鹿げたことを言っていたんだと笑っていた。

こうやって、今は一緒に笑えることはありがたい。しかしこの先には、彼が幻覚、妄想を信じ込んで訂正できない日が来るかもしれない。

もしそうだとしたら、その時には、我々はどう彼と向き合えばいいのだろう。今日から気持ちの準備をしておかないといけないだろう。彼の話に耳を傾け、何が彼を苦痛にしているのか、また、彼に安心感を与えるためにはどう接したらいいのか、服薬だけには頼れないこの状態に対して、彼に関わる十分な時間と対話が必要だろう。

第四章　それぞれの生き方

一、「朝起きないで死んでいたら、私の顔を見て、『あら、まあ』って、言ってね」

結婚歴はなく、長年独身生活をしていた彼女には、身寄りがなく、たった一人の甥っ子（姉の息子）だけがキーパーソンとして名前があがり、年に二回程度であったが、四国から面会に来たり、スタッフにと、名物のうどんを送っていただいていた。

九十歳を超えても、杖を片手に、自分の足で歩いて、リビングでみんなと一緒に食事をし、長年の嗜好のタバコも毎日若いヘルパーたちと会話をしながら、楽しんでいた。「寝たきりになったら、どうやってタバコ吸ったらいいやろか？」「部屋では吸えないから、ベッドで外に連れてってな」などと、笑わせてくれたこともあった。

施設では、当時一番のお姉さん。耳は遠いが、頭はしっかりしていた。もちろん年相応の物忘れなどは度々あるが、ヘルパーを困らせたりすることもなく、自分で自分のことはできていた。

自宅では、両下肢のむくみが常にあることが災いしてか、よく転倒してあざを作ることが度々あったことから、独り暮らしにはもう限界が来ていると話すが、一向に耳を傾けようとはしてくれなかった。

ある日、また自宅で転倒したと担当ケアマネジャーから連絡がきて、臨時訪問した。状態観察し、数か所の外傷部からの出血を認め、打撲での腫脹もあり、疼痛もあることから私は骨折も疑い、病院に受診することを勧めた。

本人は「病院なんか行かんでいい」「大丈夫、大丈夫」と言っていたが、私の頭では、このまま受診後に「うちに連れて帰ろう」という考えがあったので、納得するまで説得にあたった。ようやく受診する気になった彼女を、救急車ではなく、私が会社の車で迎えに行き、数日間過ごせるように荷物をまとめて、一緒に病院へと出発した。

受診結果は、幸い骨折などはなく、簡単な外傷の処置が施された。頭部のCT検査でも異常はなかった。何度も自宅で転倒することを、診察した医師も心配し、『独り暮らし』についても不安だと本人に告げた。入院するほどでもない。なので私はその話を彼女には次のように説明した。

「最近よく家でこけるよね、今日のところはこれくらいの傷でおさまってるからよかったけど、骨を折ったり、頭を打ったり、傷からの出血が止まらなかったりしたら、一人で取り返しのつかないことになったりする。症状が落ち着くまでのしばらくの間、うちの施設に泊まろうよ」と。

　夜の九時を過ぎて遅かったことも手伝って、彼女もしぶしぶではあったが、「じゃあ、泊めてもらおうか」と、納得してくれた。夜勤者も快く迎えてくれて、軽食を準備してくれた。

　その晩は、ぐっすり眠れた様子に見えた。それから、数日施設で過ごすことになった。

　数日後、彼女は私にこんなことを聞いてきた。

「あんた、徳田っていう名前やね？　あの人知ってる？　ほらあの人」

　そんなことを言われる時には、大抵『徳田虎雄』のことだった。

　鹿児島県徳之島の名誉町民、一般社団法人徳洲会の前理事長で、政治家でもあった人だ。

　彼女は彼の著書（題名は不明だが）を読んで、ファンだと話してくれた。苦労して医者になった彼を尊敬しているという。

　私は奄美大島出身なのでよく知っている。選挙の時期になると必ず母親から聞かされる話題の人物だったからだ。

「あんたはあの人と同じ、『徳田』っていう名前やから、ちょうどいいわ、気に入った、この施設に入るわ」

と、何とも彼女らしい入居の理由だった。そして、ここに来たことは、後悔していないといった感じを受けた。

私はホッとした。

長年の喫煙歴から、彼女の最大の敵は、『肺気腫』であった。

常に風邪っぽかったり、鼻水を垂れて、のどの奥には痰が絡んでいる様子、夜間になると身体の酸素飽和度が低下し、息切れがあるため、在宅酸素も導入されていた。睡眠時には酸素吸入することも度々あった。

彼女に対しての禁煙指導は、主治医もあえてきつく強いてはいなかった。

そんな彼女は、いつも「私は、九十過ぎまで生きてきたけど、どうやって死んでいくんだろうなぁ？」と、私たちに聞いてくる。

「高齢だし、呼吸器も悪いし、いつどうなるかわからないけれど、ヘルパーが覗きに行ったら、寝ている間に亡くなっているかもしれないよ……」そう言い返しながらよく笑ったものだ。その時には決まって、

「朝起きないで死んでいたら、私の顔を見て、『あら、まあ』って、言ってね」

と、決して大騒ぎしないでね、といった意味もあったのだろう。そんな会話が常にあった。

そんな彼女が、ある日の夕方高熱を出した。夕食の声掛けをするために訪室した時だった。

普段から微熱程度は常であったが、四十度はかなりの負担だと感じた。

常に風邪っぽいために、自覚症状があまりなく「大丈夫、大丈夫」と言っていたが、息遣いもいつもと違って明らかにしんどそうだ。

本人は全く慌てる様子もなく、普段と変わらなかった。

採血結果で炎症反応が高く、抗生剤点滴が開始されても、彼女は「なんで？　しんどくないよ」と、痰がらみのガラガラ声で言っていた。そしてベッドから自分では動くことすらできなくなり、おむつをあてられた。時間の経過とともに、呼吸は努力様となり、痰も多く頻回に吸引が必要になるほど自分では咳き込むことさえ難しくなった。

酸素飽和度も低下して、投与される酸素量も急速に増加せざるを得なかった。

聴診器から聞こえる肺の音は「ボコッ、ボコッブーブー」と、狭い排水溝に水が流れ込むような音だった。

明らかな肺炎症状の音だった。

私たちは（特に看護師は）、彼女の急変したこの状態を見て、これが「引き金」になると、確信した。

何とか、一夜を過ごしたが、翌朝には、彼女はベッド上で、目を閉じ返事をすることもできない状態であった。意識はなく、呼吸も不規則となり、今までの経験上、この呼吸状態ではあと数時間で心臓が止まってしまうと思った。

その日出勤していた職員で三十分ずつ交代し、居室で寄り添って見守ってもらうことを指示した。ここまで来て、彼女を独りで旅立たせることはあまりにも、寂しすぎると思ったからだ。

そして、前日の朝食まで、一緒にリビングで食事を共にした入居者さんにも声をかけて、訪室してもらい、励ましてもらった。

入居者さんは、ヘルパーに手を引かれ彼女の部屋を訪れる人や、車いすでベッドサイドまで来て声掛けする人もいて、「頑張ってねぇ〜」と、次々に足を運んでくれた。

意識はなくてもきっと、みんなの声は届いていると信じて疑わなかった。

良く言えば、ほとんど苦痛は感じていない。表情は穏やかで、ただただ荒い深い呼吸で下顎をしゃくり一生懸命に周りの空気を取り込んでいる。そして小さな「ハアハア」といった呼吸を数回しては、無呼吸に……。そんな息遣いを繰り返すだけであった。

職員が数人入れ替わった時に、彼女がもう次の息を吸わなくなったとヘルパーから知らせがあった。

急いで訪室すると、今までの荒い息遣いの彼女はなく、穏やかに静かにそこで永遠の眠りに就いたようだった。

私は、彼女に言われていた通り、「あら、まあ」と言って、惜しんだ。

心肺停止がわかっていても、看護師には、死亡診断はできない。

間もなく主治医が到着し、「ご臨終」を告げた。

部屋には、彼女が一番のお気に入りの青紫の着物を着て古希を祝った時の大きな写真があった。写真に収められたその着物も、入居の際に私物として大切に持参されたものだった。

ヘルパーの計らいで、タンスの奥からその色鮮やかな青紫の着物が丁寧に出された。

全身が清拭されきれいになった彼女を、その着物が優しく包み込んだ。

つい昨日まで、リビングで一緒に食事をして、タバコも吸っていたのに。

たった一晩の人生の大往生の時だった、彼女に変化を感じてそれはそれは本当に速かった。

枕元に、彼女の大好きなタバコ、メビウス一㎎とライターをそっと添えた。

誰がこんな彼女の最期を想像できただろう。

大正生まれの生涯独身を貫いた彼女の人生が、この場所を選び、長い人生の中でも、たった数年の付き合いの人々に見送られるなんて。

『縁あって』とは、私がよく使う言葉ではあるが、本当に他人との関わりに、こんな素敵な穏やかな最期に立ち会えるなんて、縁がなければあり得ず、そうそう予想することもなかった。

『神のはからいは、時にかなって美しい』

神様の計画の中で、ただわが身を任せて生きてきた彼女。そんな彼女の最期を見ていて、本当にそんなことを思う出来事だった。

自分の人生に幕が下りたことを、彼女はしっかり受け止めているだろう。

二、「そう、そんな便利なものがあるの？　やってみようかしら」

当時の彼女は八十五歳。

彼女と初めて顔合わせをしたのは、精神病院の認知症病棟だった。

パーキンソン病を患い、自宅で薬物療法を行っていた彼女が、意識消失発作で内科の一般病院に搬送されたのは、その一か月前のことだったそうだ。意識が回復した頃に、「周りに迷惑をかけた、申し訳ない」と、入院中にとっさに自前のタオルで自分の首を絞めたことをきっかけに、精神科病院に転院となったのだった。

何も私物を持たされず、冷たいコンクリートの床に、古いパイプむき出しのベッド、そこに横たわる彼女は、色白でやせ細った全く世間ずれしていない無垢な少女のようだった。

「少しお話ししましょうか？」

カンファレンスルームに案内され、手にはガーゼのハンカチを握りしめながら、穏やかな表情で私と会話を始めた。

名刺を差し出し自己紹介をして、ここに来た経緯を簡単に説明した。

退院に向けて、今後自宅は難しいために、家族も介護付きの施設を検討中だったこともあり、担当のケアマネジャーから、相談を受けていると。

「お任せします、帰りたいです」と、蚊の鳴くような小さな声で話し、私を見つめる彼女から、自分の家でなくても、早く退院し、ここを出ていきたい旨は十分理解できた。私も一日でも早く退院して連れて帰りたいと思った。そう長く待つことなく、入居の日にちは決定した。

難病で完治することが無い、この病気、パーキンソン病は、個人差はあるものの徐々に進行の一途を辿っていく。

当初は、みんなと一緒にリビングでの食事も可能であり、歩行もできた。週に二回は外部のデイサービスを楽しんで利用していた。しかし、突然の血圧低下や、意識レベルの低下、一日の行動にも変動があり、オンとオフが明らかに表れるようになった。デイサービスでは、入浴中に意識がなくなるからと、早々に帰宅することも度々だった。

今、覚醒して食事をしていたかと思えば、数分後には口から食べ物を吐き流し、傾眠状態へ。

また、ベッドに横になっているかと思えば、一人で車いすに移乗しようとして、床に倒れこみタイヤにもたれて傾眠。薬の効果もあまり期待できず、また、決められた時間に服薬してもらうのも、本人が覚醒していない状態では難しく、介護者は大変悩んだものだった。

そんな経緯を辿りながら、終日覚醒しない日もあり、経口からの食事や水分摂取もままならないときには、脱水状態となり、発熱し、点滴が必要になることもあった。

嚥下機能も低下、刻み食、ミキサー食、ペースト食と段階を経て考慮されたが、誤嚥性の肺炎も度々起こすようになってきた。それでも、調子のよい時には、会話することも十分できており、家族との面会も常に待ち望んでいた。

そんなことが続く中、私は家族に、将来的に『胃瘻造設』することを打診した。

家族は、「本人はまだ食べたいと言っている、食べることが楽しみな人だから、胃瘻なんて本人がしたいとは言わないと思う」との返事だった。もちろん、胃瘻を造ったからと言って、口から何も食べられなくなるわけではない。一度、しっかり本人にお話ししてもいいでしょうかと相談し、同意を得ることができた。

私からの説明はこうだった。

「今ね、お口から食べているけれど、のどが通りにくいでしょう？　咽せるし、詰まるし、食べ終わったら必ず吸引しないといけないのよ、度々の吸引も苦しいでしょう。その時の吸引では、のどの奥にたくさん、お口に入れたものが渋滞しているよ。それを回収しないと、気管に入って熱を出して、また肺炎になって点滴したり、悪くなったら入院したりしないといけなくなるの。今のままでは身体に必要な栄養は、ほとんど摂れていない状態になっているし、お薬も起きている時にしか飲めないでしょう、同じように咽せるから、しっかり薬も体に入っては行かないと思う。パーキンソン病は進行していく病気だから、今のこの時の、話がわかる時にしっかり聞いてほしいの」

彼女は、一生懸命に話す私に真剣に耳を傾けてくれた。優しくうなずきながら。

「胃瘻って聞いたことある？　あのね、お腹に穴をあけて、外部と胃を直接繋ぐの」、人差し指で胃の部分を指しながら話を続ける。「そこにボタンをつけてね、食べられない時や、起きられない時にも、時間になったら、そのボタンの蓋をはずして、食事、水分、薬など、看護師さんが入れるのよ、一日に必要なものは全部ね。でも、しっかり目が覚めて起きている時には、お楽しみ程度にはなるけれどおやつも口から食べることもできるのよ、咽せないように十分気を付けながらね。どうかなあ？　造ってみない？
今のままでは近い将来、栄養不足になってしまって、身体は枯れてしまうと思う」

　わかってくれたかなあ、どうかなあ、何て思ったかなあ、なんて考える時間もないくらい、彼女はあっさりと口を開いた。

「そう、そんな便利なものがあるの？　やってみようかしら」と。

　ニコニコと笑顔だった。ホッとした。胃瘻を造ろうとの意思表示だった。

　この話を、本人へのインフォームドコンセント（説明と同意）として、家族、主治医に伝え数日を待たずに、彼女は胃瘻造設のために入院することになった。

　たった一週間の予定であったが、入院中の彼女が気になって、一度面会に行った。二人部屋の入り口に近いベッドで、彼女はベッド上で上半身を起こして週刊誌のページをめくっていた。

　パジャマの上着の裾をひらっとめくってお腹を見せてくれた。初回はボタンではないために、チューブがオスのクワガタの角のように二十センチほどピンと伸びていた。

「もう何回かここから入れたのよ（栄養を）」と。私が説明していた、『ボタン』とは違っていたが、造設後一か月は、このチューブを使用し、瘻がしっかりと形成されるとボタンに切り替わるのである。

あれから二年、今は経口摂取は全くできない状態になっている。嚥下機能は明らかに失われ、自分の唾液さえ行き場がなく、常に咽頭奥に溜まっている。一日数回の痰吸引が欠かせない状況になっている。

それでも彼女は自分なりのペースの日常生活が送れているのだ。

一日のうち、約二十時間は意識のない（傾眠）状態だ。ベッド上で目を開けていても、こちらの声掛けに対して反応を示せない時が多い。

それでも、生命維持のための、栄養補給、水分補給はしっかりと確保されている。

月に一度の家族の面会の時にも、たまたま覚醒していると、とびっきりの笑顔を見せてくれる。

調子がいい時には、自室で静かに編み物をしたり（なかなか製品としては出来上がらないが）、本を読んだり、ラジオを聴いたりすることができる。

お天気のいい日は、ヘルパーに車いすを押してもらい、施設の玄関先の可愛らしい花々を眺めている。

昨今、胃瘻造設に反対する医療従事者も少なくない。口から物を食べることが人としての当たり前の姿だと考えるからだろう。それができなくなったら自然に任せたいといった考えももちろんある。しかし、当事者の本人はどう考えるだろうか。自分のことを自分で決める。そのために、私たちにはあらゆる情報を収集して提供する義務がある。それが大切ではないだろうか。

確かに、延命だけの目的で考えることが正しい方向ではないかもしれない。でも人の人生は、先々どうなっていくのか、誰にもわからない。だからこそ、自分で自分の先を決定する、その手助けが必要な方もたくさんいる。

彼女が言った『便利なもの』が、今短い時間でも、彼女らしさを保つために役に立っているように思えた。

三、「もう要らん、残りはみんなで食べて、要らん要らん」

施設では、朝はトースト、サンドウィッチ、ホットドッグ、菓子パンをメインにして、ホットコーヒー、牛乳、紅茶を好みに合わせて選んでもらい、ヨーグルト、フルーツなどが添えられる。パン食をあまり好まない人には、お粥、みそ汁、そして梅干しや海苔などが添えられる。

昼ご飯も晩ご飯も、特にクレームもなく美味しく頂ける献立が揃っていると、私は思っている。

食に関しては、それぞれに人生の長い歴史の中で、いろいろな嗜好や価値観、思いがあるものだが、彼女も例外ではない。

若い頃からお金に不自由することなどなく、裕福に暮らしていたとみえる。

そのために、我々庶民とは少し、いや大いに嗜好が違っているように思われるのであった。

朝の食パンは、施設で提供されるものとは別に、個人で少しお高めの物を購入しトーストしてもらうようになった。それから、コーンスープ、それも粉を溶くインスタントではなく、調理された生冷蔵の物を温めてもらっていた。うちのコーヒーだけは、ドリップ式で入れるためにまあまあ気に入ったようだった。

彼女は一女四男の子どもを育ててきて、それぞれが立派に独立している。

夫は、既に他界しているが、その夫にも大変大事にしてもらったと、入居当時からよく自慢して話してくれたものだった。着る服も特別であり、一度息子さんに依頼されて買い物に付き合ったことがあるが、そこらのおばちゃんの買い物とはわけが違った。〇〇百貨店の、婦人服の〇〇〇で買ってくれるかな。有名ブランド店だ。往復タクシーを利用して出かけた。ブラウスやTシャツが数万円を下らないものばかり、これを普段着に？　洗濯もこんな高級な品、うちでは自信がないが、彼女のほうからクリーニングを依頼する。となると……、お金かかるなあー。

食べることに関しては、施設のおかずが口に合わないからと、娘さんたちに電話をかけては要望し、冷蔵宅配にて度々、おかず（高級牛肉のしぐれ煮、とんかつ、魚の煮物、ハンバーグ）が届けられた。部屋の冷蔵庫は、当日はパンパンになった。

そして、買い物に出かけることも、彼女の楽しみであったが、家族とではなく、施設スタッフに同行してもらって、近所のスーパーへ出かけるのである。大量にものを購入してくる。

食事の時のお膳には、いろんなものが並ぶ。

他の入居者の手前、別のメニューになるとあまりにも差が出るので、彼女は「孤食」することを強いられることが多かった。

昼夕の食事前に、「今日は何にしますか？」と、冷蔵庫の中身を伝え、希望するものを、電子レンジで温めて、施設のおかずと一緒に添えて提供するのだ。

だが、残さずに食べ切るといったことは絶対になかった。

『贅沢口』とでも言うのだろうか。

彼女の食に対する行動の中でも、更に気になることがある。

自分だけ、特別高価なものを手に入れるが、それを数口食べた後に、

「もう要らん、残りはみんなで食べて、要らん要らん」と、手で振り払う態度をしながら、早く下げてくれと言うのだ。もう見たくもないといった感じで。

「残りは、あんたらで食べたらいいよ」ということである。「そんな、一度お膳に並べたもの、他の人になんか出せませんよ」と言うと、「じゃ、捨てて」と。

初めから、みんなにおすそ分けするわけでもなく、（他の人は、この残り物で）といった感じである。

こんな話が脳裏に蘇る。私の勝手な記憶だが。

昔は、その家の長（父親）は、お風呂も一番に入るし、食べ物でも一番高価なもの、また、希少部位で美味しい部分を食べるのが当たり前だった時代があった。

長が食した後に残されたものが、女、子供のご飯のおかずになる。

子供たちは、長が食べている姿をじーっと眺めて、できるだけ残してほしいと期待し唾をのむ。

彼女がそうだというわけでは決して無い。私の勝手なストーリーに重なっただけである。

今、決して私たちの手に入らないものを食べているわけではないが、彼女が、「長」に見えてきた。

以前は、優しい夫と、子供たちに囲まれて、にぎやかに楽しく生活していたのが、夫を亡くし、育て上げた子供たちも独立して離れ、一人になった「孤立感」が、きっと彼女の中には、取り残された感じと、心の寂しさとして存在しているようにも感じられる。家族は遠方であるために、面会もそう頻回にはない。心に空いた穴を埋めるために、彼女はこんな行動をしているのかもしれない。そう思った。

今更、「もったいない」とか、「節約」とかの話ではない。他に、彼女の気持ちを穏やかにし、心の穴を埋める方法はないのだろうか。

この考えが、正しいのか、間違っているのかもわからないが、少なくとも彼女の行動は、私たちにいろんなことを考えるための材料はくれる。施設生活の中で、『家族のようになりたい』とは、こちら側の勝手な希望で、きれいごとにすぎないのかもしれない。やっぱり本当の家族の力には、残念ながら敵わないものである。

四、「感染症予防対策から考えさせられる」

最近は、八十代とか九十代と言われても、「人生百年時代」といった言葉もあって、そうそう「凄い」とも感じなくなった。

在宅でも超高齢者は当たり前になってきて、それぞれ元気に過ごしていることが多い。

この夫婦も同じである。

夫が九十四歳、妻は七つ年下で、八十七歳だ。

夫は、自分が九十を過ぎても、しっかりしていて、歩けるし、好き嫌いなく何でも食べることが自慢だった。

夫婦二人の生活が今は何とかできているが、年相応の身体の老化も手伝って、よく「しんどい、しんどい」と言う、夫の訴えが多くなってきた。

夫は、定期的に訪問看護を利用していたが、常にしんどさがあり、そのことが不安に繋がり、『死ぬかもしれない』といった恐怖感に取りつかれたようになっていた。

初めは、夕方になると不安になるのか、「胸が苦しい、しんどい」と電話があり、臨時訪問して状態を観察するが、身体的に特に異常はなく、本人の話を傾聴して安心させて帰る、といったことだった。精神的な面でのサポートが必要と判断した。

訪問から数か月経つ頃には、その頻度が多くなり、昼間に妻が外出すると、「しんどい、誰か来てくれないか」と電話をかけてくるのだった。看護師もそう度々訪問することも無いと判断し、状況は変わらないために、抗不安薬を本人のわかるところにセットして、「薬を飲んでくださいね、しばらくしたら、こちらからまた電話しますので」と、電話対応のみで、訪問は、本人の電話の二、三回に一回程度になっていた。

しかし、治まることはなく、日に日に訴えは強くなり、「来ないのなら、救急車呼ぶで」「パトカー呼ぶで」と、半分脅迫のような訴えに変わってきたのだった。遠方の息子さんと相談して看護師が毎日夕刻に定期訪問することで安心を得てもらおうと計画したが、それもまた数日間の訪問をしながらも効果はなく、夜間、深夜の電話が多くなった。

本人が良眠することなく、体力的にもしんどいようなので、家族と担当のケアマネジャーは、二十四時間見守りのある施設への入居を検討することになった。

夫はもちろん、夫婦共々初めから入居する気はなく、家から離れる気持ちもない様子であった。

「そんなにしんどいのであれば、二か月ぐらい入院したと思って行ってみないか」との、息子さんの提案でようやく入居してきたのだった（軽いだましだった）。

二人は、二か月経ったら自宅に帰れると信じて、入居してきた。

入居当時は、夫は自分がこの施設の中で一番年上ということが、かなり気に入り、鼻高々のご様子でご機嫌に過ごしていた。車いすも使用するが、室内では歩行してトイレにも行けるし、何でも好き嫌いなく食べることができる。

リビングでの食事も夫婦揃って、常食形態（一口大に切ったり、細かく刻まれたりしていない物）でも、自分で噛み切って咀嚼し食べることができ完食していた。それをスタッフも入居者も「凄い、凄い」と褒めて持ち上げてきたのであった。

少し、加齢による難聴はあるが、誰とでも日常生活には困ることなくコミュニケーションは十分に図れる。

入居後も、しばらくは時々「しんどい、胸が苦しい」との訴えはあったが、偽薬など使用しながら本人も、安心していたように感じられた。

　妻は、自宅にいる時に、月に二回は近所のカラオケに行くことが楽しみであったため、施設からも通うことを承認していた。しかし、夫が「出て行ったらあかんっ」と、不安を訴えるために、施設内でのカラオケに参加するようになった。さすがに、通っていただけあって新曲を次々と披露し、みんなの注目を集めたのだった。

　二人とも、機嫌よく過ごしていたのだったが、約束の期限の二か月目が近くなると、なんとなくソワソワしてきているのもよくわかった。夫の散髪や妻の毛染めを勧めても、「いいよ、家に帰ってから自分で行くから」と言うのだった。しかし、退居の予定など既に無くなっていた。

　そんな中、世間は新型コロナ感染拡大とのニュースで持ちきりとなり、施設では、『新型コロナ感染予防対策』がとられるようになった。

　その対策の一つとして、リビングで、一テーブルに四人掛けで食事をしていたが、『密』での飛沫を防ぐ意味で、席替えを行ったのだ。

　一テーブルを二人掛けにして、みんなが同じ一方向を向く形をとったが、当然、使える席数が減り席に着けない入居者が出てくる。介助が必要な入居者は、居室でヘルパー一人が付くことになった。そして、この夫婦の場合は、居室に座卓があることを幸いに、自宅での食事が再現できるのでは？との安易な考えで、居室配膳することになったのだ。

『安易な考え』とは、後に私が頭を悩ませることになったからだ。

居室配膳が始まり、夫婦仲良く居室で小さい座卓に向かい合っての食事を楽しんでいたように思っていたが、二週間くらいが経過して、夫のほうに異変が生じてきた。食事時間になったら、夫は時々「しんどい」ことを理由に、ベッドから起きてくることが少なくなった。そのまま、食事を見送りながらも、食べない日も出てきた。初めは、何とか発破をかけながら食事を摂ってもらっていたが、とうとうそれが効かなくなったのだ。

気分転換に、車いすで外に出ようと促しても、「しんどいから、行かれんて言うてるやろっ」と、興奮して怒ってくる。精神的に怒りっぽくなり、短気になって、時々は暴力行為（ヘルパーで制止できる程度だが）も見られるようになった。

それと同時に、頑固さに拍車がかかり、認知症状が進んできたようだった。

「会社の代表を呼べっ」とか、「この施設の管理者を呼べっ」など、常に文句と不満があるようだった。「私です」と言っても、「あんたは良く知っている、あんたはその人の子どもか？　孫か？　社長は誰や」と言い、私では不服と感じられた。

「自分は、いつ死んでもいい、もう遺言書も書いて準備しているから」と、メモ帳を出したり、名刺を並べては、「これが遺言書だ」と言ったりして、メモには意味不明の年号が書いてあるだけにもかかわらず指差して見せたりするようにもなった。

「わしが死んだら、みんなに十万円ずつ配るから」などと、テレビの給付金の話と混乱したりして言ったりする。そんな話を、力強くむきになってするものだから、益々しんどくなるようだ。それを、肯定しても、否定しても全く良い効果はなかった。

不思議と、何日も食事をしていないにもかかわらず、体力的には特に衰えを感じることはなかった。

「あんたがそんなに偉いんかっ、年はなんぼやっ？」

「わしは、九十六や（本当は九十四）。これまでに、何百人も使って仕事してきて、市長にも頭下げられたくらいや」と自慢話が始まる。

それに次いで、自分が偉そうに言われていると思い込み腹が立つとのこと。耳が少し遠いのでこちらも、ちょっぴり大声で話してしまうので、怒られているように感じるのかもしれない。

それから、年齢のことをよく言われるので、『この若造がっ』といった気持ちもあるのだろう。

彼の精神不穏状態の時期から考え、感染症予防対策とはいえ、私は高齢者本人にとっての生活行動の範囲を、この小さな部屋に閉じ込めて固めてしまったのではないかと思った。

たった二か月前に入居してきた彼にとって、環境の変化だけで十分な精神的なストレスであっただろう。しかし、この施設内で自分が一番の年長者であるといったことを知り、周囲から、尊重され熱い思いやりを受けていたことが、逆に「ここに来て良かった」と少しでも感じていたのではないだろうか。入居当時はそのことが彼自身の精神行動をコントロールできていたのかもしれない。

でもその後すぐに、感染予防対策での対応で再び孤立させられた。その再び起こった変化が、彼にとって混乱を招く結果になってしまったのではないだろうか。

もちろん、今回の感染症は、命に直結した大きな社会問題であった。私は、目の前の、自分がやらなくてはいけない業務を優先したことで、入居者自身のことが置き去りになったという結果に繋がっているのではないかと振り返った。

私たちも、『不要、不急の……』『自粛』といった言葉は聞き慣れなかったが、状況が日々理解できるし、責任ある行動を自分に言い聞かせられた。逆に入居者さんにとってはどうだったのだろうか？　考える。

彼の、認知症状の急激な進行程度と、今回の感染症対策の工程が、私の中で重なって自責の念に駆られる。

今更ながら、声をかけた。昼間なら、デイサービス利用で留守になる方もいるので、リビングの食卓に空席ができる。

「お父さん、明日からリビングで、みんなと一緒にご飯食べようか？　そしたらまた、元気になれるかもしれないよ」と言うと、

「そんなもん、しんどいって言うてるのに、まだわからんのか。みんなと一緒に下でご飯なんか食べて、元気になるもんか、わしの歳知ってるやろっ」と。

少しほっとした気にもなった。偶然重なったことなのかもしれない……、反省もありながらもそうであってほしいと願ったのも嘘ではない。

その後は、主治医と相談して、軽い抗精神薬が処方された。少しずつ彼の『トゲ』は、取られていき、安定した本来の彼と、会話できるまでになった。

高齢者は、何かをきっかけにし、また何かを引き金にして、心身の安定を崩しやすいと考えられた。その『何か』に気がつくことは難しいとも思った。ただ、気がつけずにいると、その人らしさが失われていく。私たちにとっては、何でもないことでも、彼らにとっては、早く誰かに助けてほしい、気づいてほしいと心の奥で、そう叫んでいるのかもしれない。

第五章　安心できる居場所を求めて

一、「あぁ〜、いややぁ〜、ああぁ〜、いややぁ〜」

二年前に夫婦で入居してきた彼女は、在宅訪問の時には、しっかりしていて、周囲にも気遣いのできる、上品なおばあちゃんだった。

入居から一か月経った頃、居室洗面所前で転倒し頭部を打撲、その時救急搬送先の病院で異常なしと診断されたのだが、数日後、様子がいつもと違うことから、再度受診した結果、左多発性脳梗塞と診断され入院となった。

数か月後、リハビリ病院を経由して、再び施設に戻ってきた時には、元の彼女はすっかり消え、まるで別人のようになっていた。

高次脳機能面から、「失語症」「全般性注意障害」「記憶障害」と、傷病名が付いてきた。

唇や舌などに麻痺などの障害はないが、脳梗塞の後遺症と思われる特定の部位の損傷によって、自分の頭でまとまった言語がうまく言葉にできず、相手に伝えることができなくなってしまっており、ごく簡単なやり取りが難しい状態になっていた。また、目的のまま動こうとしても、環境を理解したり危険を察知したりすることができなくなっていた。

施設に一緒に入居してきた夫は、変わり果てた妻に対してかなりショックを受けていた。

自宅ではなんでも「あ・うん」の呼吸で過ごしてきたが、今の状態では、夫は全く彼女に理解してもらえないし、逆に彼女が訴えることもほぼ理解できないのである。

夫妻の居室では、言葉の代わりに「あぁ～、いややぁ～、ああぁ～、いややぁ～」と、何かを指さして訴える彼女の声が響くようになった。これが一晩中となると、夫の睡眠を妨げてしまうとの理由で、夜間はリビングに介護ベッドを用意して、夜勤者の目の届く場所で寝てもらう夜を幾日も重ねてきた。

夫は、ガン末期の状態だった。

それでも、長年お互いを支えあい、自宅で過ごしていたのだが、お互いが九十歳を超えて認知症状もないことから、「今のうちに先のことを考えて、穏やかで安心して暮らせるところを探したい」と、数件の施設見学を始めたのだった。

夫の、膀胱ガンに伴って造設された膀胱瘻の管理ために、訪問看護師として約六年間在宅訪問していた経緯があり、この先も、二人の人生に関わっていきたいと願うのが、私の本音だった。

しかし、当時うちの施設は満室であり、「うちにどうぞ」なんて、到底提案できる話ではなかった。

有料老人ホームを何件か見学し、しばらくすると、夫婦部屋の空きがあるところが一件だけ見つかったそうで、県外に住む長男が手続きのために、度々訪れるようになっていた。

来月には、契約することになっているとの話から、訪問看護も今月で終結だと、寂しく感じている頃、施設で偶然の出来事があった。

九十六歳のガン末期のおばあちゃんが急変しあっという間に、天に召されたのだ。本当に、急変してから半日の突然の出来事だった。

一部屋空きが出た。

決めかけた施設の契約前に、うちにも見学に来てほしいと、家族に声掛けをして急遽来ていただいたのだった。私は、『終の棲家』になるはずの場所に、もう一つの選択肢を加えたかったからだ。

うちの施設を選んでくれた。

私はこれを、『ご縁があって』と、考える。入居当時杖で歩けていた夫も、妻が入院している数か月の間に、徐々に全身をガンに占領され、とうとう寝たきりの生活に。この状態では妻のご機嫌を取ることなどできる余裕もなく、すべてをヘルパーに任せることに。いつも「すみませんねぇ」と、頭を下げながら気を使いながら、とうとうその時が来て、静かに旅立って逝った。

彼女は、その後入居生活が一人部屋になっても落ち着かず、常に眉間にしわを寄せ、言葉にならない言語を発していた。

運動機能にも後遺症はあった。歩行が不安定となり、平衡感覚は乏しく、常に車いすでの移動、時折一人で自走し、どこに行きたいのか、何をしたいのか、言葉で伝えられないもどかしさ、また理解できない支援者の苦労は、日々続いていた。

そんな彼女を理解するのは、ますます困難であった。

「もしかしたら、字は書けるかも？」と、安易な考えでマジックペンと用紙を渡したところ、『袋、袋、袋』とだけ殴り書きのように書き並べ、意味もなく、自分で書いた紙を眺めて、大声を出して、余計に本人を混乱させてしまったこともあった。

そんな彼女に、一瞬、私は驚かされたことがあった。

いつものように、「あぁ〜、いややぁ〜、ああぁ〜、いややぁ〜」と、何かを訴えながら、車いすで廊下を徘徊し始めている。私は、少し面倒くさくなって（こんなことは言ってはいけないが）、

「ごめんなさい、でも何が言いたいのかわからないわぁ、それよりも、見て見て、私も今こんな風になって困ってるのよ」

と、数か月悩んでいた、自分の手指の荒れを、彼女の目の前に差し出してその場の空気を変えようとした。

皮がめくれ指の一本一本が赤く腫れあがった私の手を見て、彼女は、

「あら、あなた、どうしたの？」

彼女が、しっかりとはっきりと言葉を発した。

驚いた。どうして？　何が？　どうなったの？

脳梗塞後に、彼女の脳には、聴く、話す、読む、書くといった言葉に繋がる働きに何かしらの影響が出ている。でも、今の彼女の言葉は、脳の機能ではなく、彼女の素直な感情の言葉だったような気がする。

突然見せられた、私の手荒れに対して、頭で考えるとかではなく、彼女の感情が言

葉になった瞬間だった。それは、「大丈夫？」といった相手を気遣う思いやりと心配の気持ちからだろうか、はっきりと言葉になって表現され、私に大砲玉のように当たった。

「しゃべれるじゃないの、凄い凄い」しかし、それっきり。

それから後は、スムーズな会話は全くできないので、スタッフは今も悪戦苦闘しているが、本人が一番辛い思いをしていることには違いない。自分の気持ちが相手に伝わらないことほど、もどかしいことはない。

本人の気持ちを、もっと言葉で引き出せたり、行動を理解したりするには？

彼女とうまく付き合い、情緒を安定させる何よりの「コツ」は？

ゆったり時間をとることだろう。できる限り彼女に関わり、お互いに通じ合う安堵感を共有することだろう。

そうすればきっと、「あぁ～、いややぁ～」ではない、彼女の気持ちのこもった言葉（言語でなくても）がきっと聞けるかもしれない。

いつも、眉間にしわを寄せて、悲しい顔をしている表情に変化が見られるかもしれない。

「わかってほしい、何でわからないの？」と訴えているようにも思える。

彼女を元々の、上品なおばあちゃんに近づけ、残りの人生を彼女らしく過ごしてもらえるようにするには、私たちに何ができるだろうかと考えなければならない。夫に先立たれた彼女がなぜここに居るのか?にも、意味があると思うからだ。

二、「ご縁」があって

「ご縁があって」と、私はいつもそう感じる。しかし、その『縁』はどこでどう結ばれているのだろうか。

平成十九年から、訪問看護をご利用の利用者さん。

当初は妻と二人暮らしであったが訪問が始まって間もなく、妻はガンで他界した。その後、本人は独居生活となるが、娘さんたちの、度々の訪問と、介護ヘルパーを利用しての在宅生活を送っていた。

人工肛門を造設しており、かなり体格も立派、腹部のヘルニアからの、大腸部の膨隆もあり、自分では、人工肛門部が確認できないことで、他者の支援が必要な方だった。

週に二回訪問看護を利用していたが、よく食べ、よく呑むために、常に消化管の動きが活発であり、定期訪問以外にも、トラブル発生での臨時訪問が頻回に起こる方だったのを記憶している。

徐々に、加齢とともに体力低下もあり、自宅では食事管理や入浴が困難となってきており、デイサービスなども利用することになった。週二回のデイサービス利用、週二回の訪問看護、介護ヘルパーなどを利用して、何とか自宅での独居生活が支えられていた。

お酒が好きで、食べることを何よりも楽しみにしているので、二回ほど一緒に外食したこともあった。お猪口に日本酒を注いであげると、嬉しそうにゆっくりと口に運び、ちびりちびりと呑みながら、決して箸を置くことなく、おしゃべりを楽しみながら酒の肴をつまみ続ける格好が忘れられない。

腎機能障害もあることから、ずっと腎臓内科にも定期的に受診してお薬も山のように服薬していたし、自宅では、高価ではあるが、お正月なども腎臓食のおせちを注文したりして、本人も家族も気にしながら注意していた。

食事療法など指導を受けるが、一人ではなかなか守ることができないために、入院を余儀なくされたり、退院後も施設入所したりして、経過を見ることになったのだった。

その間は、訪問看護の利用はなく、入所先で人工肛門管理がなされていたのだった。風の便りに、「もう、在宅生活は困難になり、このまま施設での生活となるようだ」との話は私の耳にも届いていた。

それから約半年の間、本人が、どこでどのように過ごしているかは全く知らなかった。

私は時々、思い出しては、最期まで彼とは関わる縁がなかったなぁ、と考えたものだった。

「ご縁」はあった。

八月の暑い中、突然娘さんから電話があった。

内容は、（父がサービス付き高齢者向け住宅に入居していた、面会に行ったら、二、三日食欲がなくグッタリしてた、病院に連れて行ったら、そのまま入院になって急遽、人工透析が始まった）とのこと、今後その施設に戻るのは不安だから、どこか別の施設に移りたいが、知っているところがないので、どこか知っていたら紹介してほしいとのことだった。

私は、入院先の病院へすぐに見舞いに行った。半年間でかなり痩せていたのが印象的だった。認知症状はなく、歩行もできており、話し始めると以前の彼と全く変わらなかった。ここまでの経過などを彼は、詳しく話してくれたのだった。

もう九十一歳になるという。

訪問看護利用当時の話をしながら、二人で懐かしんだ。

常に丁寧で、こんな私にも敬語でお話ししてくれるので、恐縮させられるところも変わらず懐かしいのである。

偶然その時に、施設には一室空きが出たところだった。娘さん夫婦にすぐに見学に来て頂き入居が決まった。

現在、週に三回は透析が必要であり、朝九時から午後二時までは病院で過ごしている。

この歳で、特に入浴以外の身体介護は必要とせず、自分のことは自分できちんとできているのには、感心する。

物静かで、周囲を困らせることもなく、マイペースとはいえ食事時間や、入浴時間は厳守。週三回の透析に関しては、送迎時間の前には玄関の傍の椅子で、待機しているのだった。

とても穏やかなおじいさん、最近はすっかりお酒は嗜んでいないが、時々聞くと、

「ビールの小さい缶ならいいかなあ?」と、少し恨めしそうに尋ねるのだった。それくらいならいいよって言ってあげたいが、ダメダメ。

ある日の夜、施設から電話があった。

彼が隣の部屋の入居者とトラブルを起こし、かなり興奮しているので来てほしいとのことだった。

「とうとう、この日が来た」想定していたことだった。

すぐに施設に向かい、ヘルパーの話を聞いてみた。

彼の隣の部屋に、数か月前から入居している男性がいる。昼夜問わずに無意識に大声を発することが問題となっているのだった。内科のかかりつけ医に相談して、服薬調整をしてもらっていた。それでも効果はなく、精神科受診にて更に薬を調整、それでも効果はない。

もちろんこれも、病気がなせる業であり、根治が困難な症状なのだ。当の本人にしてみれば、わざとみんなに迷惑をかけようとか、嫌がらせをしているつもりの行為ではないのだ。

しかしこれが、ここ数週間の施設での大問題となっていたのだった。

「うるさい」「眠れない」「何とかしろ」など、苦情が相次いでいたところだった。

私も、対応策を検討し動いていたところだった。

彼は、幸い補聴器を使用しているために、就寝と同時に取り外すので、夜間の騒音はあまり気にならないと、勝手に思い込んでいた私の失態だった。

ヘルパーから、「本人がかなり怒っているから、行って説明して下さい」とのこと。

すぐさま、訪室した。

彼は、パジャマ姿で、洗面台の前で歯磨きをしていた。

私の訪室に、頭を下げた。私も「申し訳ないです、少しお話ししてもいいですか」と、彼の就寝準備の歯磨きが終わるのを傍らで待ったのだ。

歯磨きが終わり、ゆっくりと向きを変えて、私のほうに体制を整え、手押し車でベッドのほうへ促したのだが、「ここでいいです」と、立ったままで構わないとのこと、よほどご立腹だ。話を始めた。

「すみません、確かに迷惑かけていますね、今、お隣さんにはいろいろ対策を検討しているところなんです……」と、お隣さんの今の現状を説明させていただいた。そして今後の施設としての対応策も。

「そうでしたか、本当に睡眠妨害なんですよ。施設としては何か考えているのか、何も考えていないのかと、思っていたんです。本当に安眠できないんです、今日も同じようだったら、もう我慢しませんから」と。

今にも、乗り込んで殴ってしまいそうな、そんな勢いを感じた。

施設には、いろいろな方が生活している。個別性を持った対応が必要だ。私を含めた従業員が大変な思いをしたり、負担がかかってくるのは当たり前だ。しかし、入居者さんに、不要な我慢を強いたり、迷惑をかけたり、安全性を欠くことは決してあってはならないことだった。

ここ数週間、ちゃんとした説明を入居者さんにはしていなかったし、その場しのぎの対応になっていた。ここまで来て気持ちを憤慨させてから説明するのは、間違っていた。

そう深く感じて、反省したのだった。

逆に、一度入居していただいた方に、何とか対策を講じて、入居を継続していただきたいといった気持ちも無かったとは言えず、何とか状態が落ち着かないかと安易に思っていたのも正直なところだ。

個々の入居者への対応の判断（私の決断）に、間違いはないのか、日々迷っていたし、自問自答を繰り返していたが、結論は、その入居者の退居をお願いするに至ったのだった。

「ご縁があって」とは。

「ご縁があってここに居る」「ご縁が無くなって退居する」というわけでは、決してない。縁があるとは、偶然ではなく、必然的なことであって、それを通して私たちは、出逢い、気づき、考え、学び、別れ、そこからまた成長していくものだと信じたい。これも神様のご計画通りなのだと思う。

今この時も、私たちへの教えがあるのだ。何に気づかないといけないのか、何をしないといけないのか、しっかり考えていかなければ……、そう思う出来事だった。

今もなお、退居を余儀なくされた利用者が、気になって仕方がない。

それからは、彼が転居先の施設で、彼らしく過ごすことができますようにと、現入居者の安否とともに祈る毎日となっている。

三、「おむつは替えてくれるのか、着替えはしてもらえるのか」

高齢者住宅とはいっても、入居者は高齢者だけではない。

その日、知り合いの市議会議員の先生から電話があった。

「施設は空いている部屋ありますか？」と、「今は、満室です」と、即答したにもかかわらず、話は終わることなく、先方は自分の用件を一方的に話し始めた。

直接の知り合いではないらしいが、市民相談を受けて難儀しているとのことだった。

今、別のサービス付き高齢者向け住宅に入居しているが、家族はその施設と相性が合わないとのことで、別の施設を探しているとのことだった。勝手にその方の連絡先をメモしてくれと伝えられ、一度私のほうから電話して、話だけでも聞いてほしいとの依頼であった。

私は、電話を切ってメモした番号に、すぐにかけた。

どうせ断らないといけない話なので、早くに電話をしてこの話を終わらせようと考えたからだった。

電話をかけると、相手は華奢な高齢のおばあさんといった印象の声が返ってきた。少し声が震えている感じもあった。遠慮がちではあったが、声の感じからどうしようもない不安を抱えておられることも十分伝わってきた。

「息子が施設に入っているんです、でもその施設を出たいんです、入院していたところから早く退院してほしいといわれて、紹介され入居したのですが……」と話し始める。

断るつもりが、私は、「一度、見学に来ますか？」と、声をかけていた。

話を聞きかじると、黙っていられない性分なのだ（何とかしてあげたいと）。

電話相談の相手は、利用者の母親だということだ。

数日後に、お母様と会うことになった。初めての対面だった

小柄で、上品な腰の低い丁寧な口調の方だった。彼女の、痩せて今にも折れそうな体型には益々力になりたいと思ったのを覚えている。

今、この施設に空きはないことは十分に理解しているとのこと、でも見学させてほしいとのことで施設内を案内することにした。玄関、事務所、リビング、お風呂場、お決まりの見学コースを一階から案内しながら説明していった。そして、入居者さんの居室を見てもらった。

お母様は、「えーっ、窓があるんですか？」と、聞いてきた。「ハイ」と答えると、「全部の部屋に？」と透かさず聞かれる。こんなことを聞かれるのは初めてのことで、私も驚いた。

私も詳しくはわからないが、こういう施設の建築基準にはもちろん居室の広さ、明るさ、採光（窓）など、決まりがあるのが当たり前だと思っている。

「今、息子がいるところは、窓無いですよ」と、「電気を消したら真っ暗闇です」と言うのだ。「そんなことはないでしょう、タンスとか何かで窓を遮っているんじゃないんですか？」と、聞き返した。「本当にないんです、見に来てください」とまで言ったのだ。

そんなことはない、きっと勘違いされているのだと勝手に思っていた。

実は、その時うちの施設に一つだけ空き部屋があった。

その部屋は、ショートステイのために、常に空けている部屋だった。

私の会社では、居宅介護支援事業と訪問看護があるのだが、急なこと（家族に不幸があったり、用事で二、三日利用者の介護が自宅でできなかったり）が起きて他の事業所が対応できない場合（入院するほどの状態ではないが、数日介護者が不在）の緊急時対応部屋を、常に確保していた。ケアマネジャーや訪問看護師の要望に応え利用者さんに安心を提供するためのものだった。要介護状態に応じて独自のホテルコストでの提供を行うための部屋だ。

彼女の息子は私と同年代で、彼女は既に八十歳を超えている。夫と二人で暮らしており、毎日、息子の話をして心配しているという。父親はとても厳格な方で、そう簡単に施設を変わるなんてできないとか、今の施設にどう説明するのか、施設なんかどこも同じだなどと、前向きな話が穏便にできないとのことで、その日はお母様一人で来訪したとのことだった。

息子は、一昨年の夏に脳梗塞を発症し、以来入院して治療を受けていた。リハビリなどの加療の後に一旦は退院し、杖歩行が可能な状態まで回復したものの、翌年になり今度は脳内出血を再発し自宅で意識のない状態で発見され、以降寝たきりの状態になっているとのことだった。

後遺症のために、左半身麻痺が残り歩行不能、嚥下不良にて食事摂取はできず、胃瘻造設され、現在は発語もできない状態であると聞かされた。

入院中はよかったが、既に治療も終了したために退院を勧められ、今後どこにお世話になったらいいのかわからず、病院の勧めで今の施設に入居したとのことだった。

その施設での対応に、両親は少し不満がある様子であった。しかし、お世話になっている以上、他に変わる施設の当てもなく相談したのだという。

数日後、私は本人に会うことになった。その時にも母親に、「親戚だと言ってください」と、別の施設から来たということを、固く口止めされたのだった。今の施設への気遣いだろう。

約束の時間にその施設に到着すると、既に母親は玄関先で私を待っていた。施設入口から少し寂しい感じを受けた。職員も足を止めてあいさつすることもなく、なんとなくよそよそしい。施設全体がガランと静かで、本人が入居している部屋までは誰一人会うことはなかった。母親が言っていた通り、確かに居室には窓がなかった。入口ドアを閉めていると、朝なのか夜なのか全くわからない暗い部屋で、彼は一人天井を見つめそこに居た。廊下の光が差しこむが、本人のベッドは頭部が奥に向くようにセッティングされているので、訪室した人が声をかけてこちらから顔を見せないと、誰が入ってきたのかわからない。益々寂しい居室の印象を受けた。

そこへ、ヘルパーさんが来た。「おしっこ出ていませんか？」と聞きに来た。本人が首を横に振った。「そう、無いのね、じゃまた後できますね」と、本人は尿意があるのだろうか？　おむつの確認もせずに、それだけの会話で居室を後にした。私には違和感が残った。

それから後約一か月近く、その母親との電話でのやり取りが続いた。

「お母さん、ご飯食べてますか？」「食べられないんです」と、心配で食事が喉を通らない、母親の痩せが気になった。

そしてもう一つ私が気になったのは、父親との関わりだった。息子をめぐって、両親は常に意見がぶつかっていたからだった。

息子をちゃんと面倒見てくれる施設に移したい、との意見は同じだが、何をもって、ちゃんと面倒見てくれる施設なのか？わからないようだった。

私の話にも、初めは「裏があるのではないか？」「金儲け事業じゃないか？」など、疑いの視線も感じた。

あまり、話にならない時には、母親も「もういい、それならお父さん勝手にしてって言ったんです」と言ったり、それでも「自分もこのままでいいとは思っていないんですよ」などと話してくれた。

しばらく経過して、夫婦そろって施設に見学と称して訪れた。父親は、「そちらの施設では、何をしてくれるのか書いてください」と言ってきた。

私は、よく意味がわからなかったが、取りあえずは、施設内での一週間のスケジュールなどを書いて渡した。週二回の入浴（機械浴）、生活介護での室内の掃除や洗濯、胃瘻からの栄養注入は看護師が、一日三回対応するなど書かせてもらった。

父親は納得しなかった。

「そんなことじゃないっ、おむつは替えてくれるのか、着替えはしてもらえるのか、薬は飲ませてくれるのか、息子は入れ歯になっているが入れ歯は入れてくれるのか？」

などといったことだった。

驚いた。日常生活上の必要な介護はもちろんだと思っていたし、私はそんな細かいことは当たり前だと思っていたからだった。こんな日常のことを今更連ねて書き留めて確認してもらうなんてありえないと思った。だからそんなことは書く必要が無いと思っていた。

そこで、気づいた。

母親が言っていたことを少しずつ思い出した。

「今のままだと、私たち以外誰とも会わずに、一人でいる時にはほったらかしで、もっと病気が悪くなるように感じる、どうせ弱って死ぬにしても、今の施設ではいやなんです」と。

今の施設では、どのような介護を受けているのだろう。

一般的に、息子や娘が親のために必死に施設を探して回るのはよくある話だが、この夫婦は、八十歳を超えて、わが子のために介護付きの施設を探すことに苦戦している。

そして全く知らない介護の世界にどうしようもないくらい残念な体験をしてきたようだ。

悲しくなった。とにもかくにも「うちに来てもらいたいっ」心の中で叫びたかった。

この話を、施設スタッフと共有して、『ショートステイ部屋は無くす』決断をした。丁寧に説明を繰り返し、結果、入居（引っ越しも一緒に手伝った）に繋がった。しかし、父親はいつも難しい顔をして面会に来ていた。

本人は、二階の西側の部屋に入居した。

大きな窓があり、とても明るいことが両親にとって何より嬉しかったようだ。

私たちにとっては、何も、彼だけに特別な介護は必要としなかった。

朝は看護師によって起床介助、おむつ交換、更衣、吸引、口腔ケア、義歯の装着、車いすへの移動、胃瘻からの栄養注入、一連の起床のケアが終わると、そのまま車いすでリビングに誘導し、ラジオ体操にも参加するようになった。もちろん自分では積極的な体操などは無理な状態なので、職員が声をかけながら軽く上肢の運動を介助していたのであった。

昼も夜も、看護師やヘルパーの訪室は度々あり、本人もテレビを観たり、DVDのレンタルを希望したりするようにもなった。時々は声を出したりして意思疎通も可能であり、嫌なことは「嫌っ」と、表情や、首振りなどで意思表示もできていた（特に入れ歯はしたくないようだった）。

そんな折、お手紙を頂いた。

前略

息子、○○が、手厚い介護、処遇をしていただきまして、本当にありがとうございます。感謝の念に耐えません。皆様にもよろしくお伝えください。

短い文章だが、両親の気持ちが大きく熱く感じられた。

心が通じ合ったような感じを受けた瞬間だった。この短い文章の中に、彼のご両親の今までのご苦労を感じた。そして父親は、今日も来訪時に、定番の『西利の京つけもの』を私たちに手渡しニコニコと頭を下げる。

歯ごたえの良さと甘辛い漬物の味から、両親の優しい気持ちが伝わる。

老いて先ゆくは、この夫婦かもしれない。いつまでも息子のことを気がかりにさせてはいけない。

私たちにできること、それは、息子さんの日常生活の介護を通じて、彼らに心からの安心感を与えることだ。

第六章　この施設だからこそ

一、「私たちにできること」

サービス付き高齢者向け住宅。

入居一時金を納め、毎月自分の入居している部屋の、家賃と管理費を納め生活している。

いわば、その部屋は、それぞれが賃貸契約をして暮らしている自宅なのだ。

この施設では、今まで、十数人の最期の看取りを行ってきた。

亡くなって主治医の死亡確認後、葬儀業者に連絡し、費用面での見積もりの相談がなされ、家族との話し合いで、今後の葬儀の段取りが組まれる。決まるとすぐさまご遺体は搬送され、別の場所（ほとんどが葬儀場）で、通夜葬儀が執り行われるのだ。

葬儀社が迎えに来ると、全身を白いシーツで覆われたご遺体は、裏口から職員だけでそっと見送るのがここ数年の決まりのようになっていた。

施設で最期を迎えた人のお通夜には必ず参列することにしている。

最近では、身内だけでのひっそりとした家族葬を希望されることが多く、翌日には数人での寂しい告別式が行われる。そうやってお別れするのが当たり前になっていたし、当然のことだと思っていた。

しかし、私にはその意識が変わる出来事があった。

ある日外食を終えて、別のお店で友人たちとお酒を飲みながらくつろいでいた時のことだった。

私の携帯電話が鳴った（夜間に緊急時連絡はよくあること）。

表の液晶画面には、訪問看護、デイサービスを利用している女性利用者のフルネームが表示された。

実はその日の昼間にこんなやり取りがあったのだった。

昨日、デイサービスを利用して帰宅した彼女に、今日は訪問介護のヘルパーが入ることになっていたという。しかし玄関は施錠され、彼女と連絡が取れないと、昼間に担当のケアマネジャーから電話をもらっていた。気にはなっていたのだが、家族にやっと連絡が取れたので、見に行ってもらいますとのことだったので、家族に依頼できたのならと安心して正直そのことは忘れかけていた。

電話が鳴った時には、きっと、本人からで、

「ごめんなあ、心配かけて」とのことだろうと、安易に期待して受信した。

電話の相手は、彼女の娘さんだった。

小さく震えた声で、

「母が家で死んでるんです」「今、警察にも連絡したんです」と。

出た言葉は、「すぐに伺います」、外に出るとどしゃぶりの雨だった。

友人たちに「ごめん、帰る」と言い残し、走り出した。傘を差したが全く用をなさず、私は彼女の家にびしょ濡れで到着した。

警察のバイクと、パトカーが来ていて、数人の警察官が玄関前にいた。

すぐには中に入れてもらえない。どんな状況なのか、娘さんは大丈夫かなど、不安になっていると、一人の警察官が出てきた。

二階建ての長屋の四件棟続きの一番東側が自宅だった。そして彼女の隣の家には、私たちが訪問しているもう一人の利用者でガンを患うおばあちゃんが一人で住んでいる。その方は、いつもベッドで横になって寝ている。一人の警察官が、その家の前に立ち、突然呼び鈴を押したのだ。

私が止める間もなかった、（彼女は病人だしこんな夜に、起こさないでほしい、やめてほしい）心の中で叫んだ。しばらくして隣のおばあさんが顔を出し応対した。きっと、隣の○○さんが亡くなっていたことを説明して、「何か変わった様子はなかったか？」などと聞いているのだろう、二人の会話は、雨の音で消されて何も聞こえなかった。

その時だった。フッと寝ているところを急に起こされたような感覚がした。いや、今しがたまで飲んでいた酒が、サッと冷めていった感じだろうか。

そして、

（そうか、これが住み慣れた地域で暮らす社会の付き合いなんだ）と思った。

私は、こんなことで驚かせたりしたら、病状に響くじゃないか、そっとしておいてほしいなと心配したが、それよりも彼女もここで生活する地域の一員なんだと実感した。

彼女らは、同じ町内に住む、「ご近所さん」なんだと。当たり前のことに気づかされた瞬間だった。

施設も同じなんだ。

入居者たちの最期の住まいであるはずだ、と考えた。

　隣の部屋の人は、「ご近所さん」じゃないか？　そう思った。

　そのことを、入居者さんに提案する日が来た。夕食時にリビングに集まった入居者さんに話をさせていただいた。

「みなさんは今、同じテーブルを囲んで隣や向かい合わせで食事をしたり、同じ屋根の下で過ごしているから、いわば家族のような関係ではないでしょうか。もし隣の人が病気でお部屋から出られなくなったり、入院したりしたら、心配しますよね。そして亡くなった場合も。これから、もし誰かが亡くなった場合に、その人のお部屋で、お通夜、お葬式をするといった選択ができたらどうでしょうか。お家賃をいただいている以上、そこはその方のお家ですよね。私は、もし望む人がいるのなら、そのお部屋で、最期の見送りまでしてはどうかなあと、思うのですが」

「パチ、パチ、パチ、パチ……」（大きな拍手）

「素晴らしい」「いいと思う」「是非やってほしい」と、声があがった。嬉しかった。

　もちろん、家族の意向もあるが、施設長としての考えを伝えた。

　みんなが「是非お願いします」と。受け入れてくれたのだった。

　その日の看取りの後の死亡診断後、家族と葬儀社の話し合いの中に私も入れてもらっての初めての企画会議（大げさだが）となった。

「高齢だし、身内もそうたくさんは残っていない、遠方からわざわざ出向く者も居ない。葬儀場に行っても、お寺さんにお経をあげてもらうだけで、寂しく見送ることになると思います。ここで、そのようにできるのなら是非に」と。

施設での初めての趣旨の提案を説明したところ、一番近い身内でもすでに七十歳は過ぎている義理の妹さんが是非そのようにしてほしいと同意してくれた。

差し出がましいが、私たちはお手伝いのように、関われたら嬉しいと思った。

翌日近所にある以前から気心が知れている葬儀社の担当者は、初めてのことだけれどできる限りのことをやらせていただきますと、いつもより力が入っているのを感じた。

利用者さんが三年ほど生活した十畳ほどの居室＝自宅が、数時間で立派な『最期のセレモニーの舞台』と化した。

条件は、『火は使用しない、大きな音は立てない、特別な匂いを出さない』とした。

可愛らしいピンクの棺、施設で過ごした時に撮られた中でも、一番の笑顔の遺影、色鮮やかな季節のお花、故人を懐かしむＢＧＭ。

何もかもが、本当に美しく仕上ったと感動した。

出棺までの間は誰でも、いつでも、その部屋を訪れ、お顔を偲ぶことができるようにした。

夕方の定刻になり、お坊さんが現れた。

こんなに近くで目にすることもなかなかない袈裟の柄が、とてもまぶしく感じた。

三十分程度のお経でお通夜が執り行われた。家族はもちろん、職員や入居者は廊下に椅子を並べて参列し合掌。なんとも言えない厳かな時間が流れた。

そして終わりに、りんの音が、いつまでも優しく耳に残った。参列した入居者をそれぞれにお部屋まで送った。

その日は入居者も心静かに床に就いてよく眠れたのではないだろうか。

翌日、朝から何となく施設は、せわしく感じられた。入居者さんにもどことなく神妙さを感じさせられた。私服ではあるが、黒っぽい服装の方が多く、中には自前の喪服を来て見送りの準備をしているご夫婦もいた。

告別式には親族のみで参加し、その時間に利用者は一階の廊下で待機することになった。

親族といっても数人だが、告別式のあとに、居室で故人との最後のご対面がなされ献花された。

最後は、毎年施設スタッフから誕生日ごとに送られる写真入りの色紙が胸元に優しく手向けられた。そこには、職員からの、お祝いのメッセージが優しく綴られている。

今まで過ごした居室を後に、棺はゆっくりエレベーターのほうに向かった。

一階では、入居者、職員が廊下に整列し、みんなが手には数本ずつ花を持って静かに待っていた。

一階のエレベーター正面の左上のモニター画面には、中の様子が映し出され、数秒で降りてくるのが確認された。

ドアが開き、棺は南側の廊下突き当りの、一番広く明るい場所に移って止まり葬儀社のスタッフの手で、しっかりと顔が見える位置まで下げられた。

参列者（入居者）は、足元右側からゆっくりと、故人を囲むように進みながら次々と花を手向けた。

「ありがとう」「さようなら」「きれいな顔や」「ゆっくりやすんでや」と、それぞれが声をかけた。

見送るすべての人が、順番に献花した。

最後に、静かに棺のふたが閉じられ、玄関まで移動する。

ゆっくりゆっくりと進み、目の前を通る棺にみんなが合掌しお辞儀した。今までは裏口を使用したが、今日は堂々と正面玄関からの旅立ちだ。

これから火葬場へと出発する。

最後の最後のお別れとなる。

施設内だけでも、数十人の親しかった仲間に見送られた。まさしく、「ご近所さん」そして家族のようにも見えた。

死亡診断後、葬儀社に搬送されていたら、あのままお別れしていたら、いったいどれくらいの人が、この人をこの瞬間まで見送ることができただろう。

人生の終わり、旅立ちを、たくさんの人で見届けられて良かったと感じた。

葬儀社の方からも、後に好評だった。

「なかなか、高齢者施設でここまでの対応をするところはない、これからも是非お手伝いさせて頂きたい、いい経験だった」と。

初めから、こんなことに、決まりもルールもなかった。

毎日入居者さんと過ごしているうちに、いろんなことを思い、感じて、自分自身の考えも変わる。何がベストなことなのか、わからないでいることも多々ある中で、数々のベターを選択しながら、体験を生かしたいと思った。

入居者さんは常に私たちに、課題を投げかけてくる、それに気づき、それを躱すことをせず、しっかり受け止められる私たちでありたい。

それから後、今日までに、三名の入居者がここから旅立って逝かれた。

二、「この人たちで良かった」

ここで少し、うちのスタッフについてのお話をさせて頂きたい。

会社全体には、約四十名の職員がいるが、その中でも施設勤務者は、介護職員に事務員、キッチン担当などを含めると二十三名が在職している（今現在）。

「施設ヘルパー募集」と、過去に数回求人誌に掲載をしてみたが、なかなか応募が無いのが現状だ。どこの施設も、介護関係事業所は、人材確保にはかなり苦労しているのはよくわかる。

改めて今頑張って業務に当たっているスタッフを見てみると、就職してきた経緯はそれぞれ違っていて、面白いなあと感じることがある。

まずは、管理者。当時彼は、私が訪問看護で訪問していた同じ利用者に関わっていた。利用者のデイサービスの送り出しを支援するために、早朝から訪問していたのだった。物腰が柔らかく、好青年との記憶が残っている。正社員ではどこにも属していないと聞きつけた私は、是非にと、「連絡がほしいです」と、偶然道で会った彼に名刺を渡して、連絡を待ったのだった。数週間後に彼から連絡があり、思いの丈をぶつけたのだった。当初彼は「週三日程度のお手伝いなら」と言ってくれ、デイサービスの人材を探していたので、そこでの勤務に当たってくれて、一日また一日と勤務日数を増やしその後、正社員となった。会社都合の人事異動にも快く応じてくれ、今では施設長代理と、訪問介護事業の管理者として日々頑張って役目を果たしてくれている。これも「ご縁」と思いたい。

施設の事務員は、かつて複合機器の営業でお世話になった方の奥さんで事務、接客を担う。ヘルパーでは、当社のケアマネジャーが担当していた利用者の娘さん、訪問看護の利用者のお孫さん、私の娘の友達のママ友ヘルパー、毎朝モーニングに通っていたカフェの常連さんヘルパーなど。また、数年ぶりに出先で偶然再開した友人もその後の飲み会で誘ってみたら、転職してきてくれた。本当に個々に『ご縁があって』での採用だ。

ヘルパー資格を持っていない人も、入職してから一生懸命勉強してくれて、数か月後には資格を取得し、そこで得た知識、技術を発揮して働いてくれているのだ。やっぱり嬉しいのは、働いている職員からの紹介だ。自分の会社を愛すればこその紹介だと信じたい。

もちろん、求人誌での応募で来ていただいた職員も同じ、働き始めて既に四、五年経った人もいる。

年齢層は様々で、十代から七十代までいるが、平均年齢は高く、職員の高齢化も避けられない。しかしみんな元気いっぱいに働いてくれている。

特に七十代には感心することが多い。出勤時から大きな声でのあいさつ、職場はパーッと明るくなる。利用者さんの中にはそのヘルパーより若干若い年齢の方もいる。

それよりその年の人の持つ貴重な「経験」やたくさんの「知恵」は素晴らしいものがあると思っている。季節ごとに施設内、リビングを模様替えしてくれるが、これがまた、私たちには想像もつかない手法で作られるので、感動と刺激に繋がる。

お正月の獅子舞。節句のこいのぼり。夏祭りには柱の隅にミニチュアの盆踊り集団が現れたり、秋にはリビングに赤とんぼが飛ぶ。

こんな才能を持った職員と一緒に仕事ができることを誇りに思う。誰かがしてくれたことに感心はできるが、全くのゼロから自分で考えて創作する彼の能力には、いつも驚かされる。

感謝しかない。

またもう一人の高齢ヘルパーは物知りだ。私のマザーテレサファンに、「気持ち一緒です是非に」と、飛び込むように就職してきたのが忘れられない。

夕食前の口腔体操が始まり彼女の担当の時には、配膳が終わってもいろいろお話ししてくれるので、ちょっと長くなるのであった。でもその間に、世間のニュースや季節の話などをしてくれたり、聞いたこともない土地の話や神社やお寺の話など、私も聞いていると面白いのである。珍しい花を届けて飾っては、花の名前や、名前の由来など聞かせてくれる。今まで見たこともない、大きな松ぼっくりも彼女が持参したものだ。

そんな二人を、昨年商工会議所の優良従業員表彰に推薦した。共に誠実で他の従業員の模範となり会社にも入居者さんにも顕著な貢献をしたと考え、会社から推薦するに値する二人への思いを形にしたかったからだ。

表彰式に参加した二人を、表彰状と立派な記念品の盾がその功績を称えてくれたのだった。もちろんその他のスタッフにもこれと同じく感謝の気持ちは絶えない。

早朝の早出勤務は大変だし、真冬などは寒くまだ外が暗いうちから家を出て、出勤してくるのだ。夜勤明けのスタッフと早出の人たちが、入居者の一日の始まりを本当に明るく温かく支援してくれていることが、何より嬉しいし頼もしく思える。それぞれが各々のシフトを担当し頑張ってくれているのだ。

そして毎朝の申し送りで、会社の理念を唱和する。大きな声で。

私が、「この人たちに支えられている」「この人たちで良かった」と、毎日再確認する瞬間なのだ。

本当に、施設スタッフだけに限らず、会社全体、その他の事業所も彼ら彼女らを外しては決して成り立たない。

私の社長年齢は、会社と同じ。常にみんなと一緒に成長させてもらっていると思うが、甘えている部分はかなり大きいと感じ反省もするし落ち込むこともある。あやふやな態度で、みんなを戸惑わせたりしたこともあったし、不安がらせたこともあっただろう。それでもみんな、それぞれに本当に頑張っている。

この場を借りて、「みなさん、いつも本当にありがとう」と、伝えたい。

おわりに

私たちの仕事は、なかなか脚光を浴びることはなく、日陰の地味な仕事だ。

でも、私たちがこの仕事（やらなくてはいけないこと）をしなければ、困る人や生きていけない人たちがいることを、決して忘れてはならないと思う。きつかったり、面倒だったり、手間だったり、これはこの仕事への付き物なのだ。

このことをしっかりと自覚して、心を込めて行ってこそ、自信と希望と愛が生まれる。

そして、

「あなたに出逢えて良かった、心からそう言ってもらえる私たちになる」

そんな私たちになった時、一人ひとりが、脚光を浴びる時だと思いたい。

これからの道のりも、従業員とともに、協力し分かち合って進んでいけたらいいと希望してやまない。

この本を出すきっかけを作ってくれた、入居者様をはじめ、ご家族様、カリタの職員、そして、決して忘れてはならない、自分の家族、ここには紹介しきれなかったすべての方々に心から感謝したいと思う。

素晴らしき看護とは
己に厳しき心を育み
病める人々に優しき愛情の手をさしのべ

注視していくことは、
ナイチンゲール精神に基づいて

当然のことではあるが、
それとともに
この世の森羅万象にも心かたむけ
人以外の動物や草、木、花に至るまで
愛情をそそぎ乍ら

素直な心を持って接する事により
人の心を動かすものである

徳田かやの　座右の言葉

令和二年七月十二日

【著者紹介】
徳田かやの（とくだ　かやの）
1965年　鹿児島県名瀬市（現･奄美市）生まれ
1984年　大阪市内で看護師として病院勤務にあたる
2009年　合同会社カリタを設立。カリタス訪問看護ステーション開業。
2010年　居宅介護支援事業ヴェリタ開業
2013年　デイサービスラヴィータ開業
2015年　サービス付き高齢者向け住宅運営開始。訪問介護事業所クオーレ開業。
会社代表の役職の傍ら、現在も「訪問看護師」として在宅訪問に向かう毎日を送っている。
常に「私がこの人なら何をしてほしいか?」を考え介護、看護にあたることが大切だと考える。そして可能な限り、利用者の声に耳を傾けることを優先する様心がけて業務にあたる。

老《お》いを分《わ》かち合《あ》う
サービス付《つ》き高齢者《こうれいしゃ》向《む》け住宅《じゅうたく》にまつわるエピソード

2021年2月23日　第1刷発行

著　者　　徳田かやの
発行人　　久保田貴幸

発行元　　株式会社 幻冬舎メディアコンサルティング
〒151-0051　東京都渋谷区千駄ヶ谷4-9-7
電話　03-5411-6440（編集）

発売元　　株式会社 幻冬舎
〒151-0051　東京都渋谷区千駄ヶ谷4-9-7
電話　03-5411-6222（営業）

印刷・製本　シナジーコミュニケーションズ株式会社
装　丁　　立石愛

検印廃止

Printed in Japan
ISBN 978-4-344-93322-4 C0095
幻冬舎メディアコンサルティングHP
http://www.gentosha-mc.com/